Judith Tomaselli

DaKaR

CHRONOSPORTS

G S N

Le livre officiel
The official book

Remerciements

Mille pensées et remerciements à Jacques et Serge pour leur hospitalité sous la tente Total, à l'équipe de TDCom pour leur disponibilité, aux médecins de Fidélia, à l'équipe des commissaires sportifs (moto et auto) pour m'aider à comprendre, chaque jour un peu plus, les subtilités des règlements... et puis à tous les copains pour les merveilleux moments partagés ensemble.

Merci à Jean-Luc Couesme pour la photo de Magnaldi et Borsotto avec les hôtesses du Lido.

Thanks

Many thanks to Jacques and Serge for their hospitality in the Total tent, to the TD Com team for their availability, to the Fidelia doctors, to the members of the sporting committees (car and bikes) for helping me to understand each day the subtleties of the rules ... and to all the friends for the marvellous times and experiences we shared together.

Thanks to Jean-Luc Couesme for the photo of Magnaldi and Borsotto with the hostesses from the Lido.

Conception et réalisation/Layout: Trilogie, Paris • **Photographies/Photography:** Gigi Soldano, Eric Vargiolu, Gilles Levent, Frédéric Le Floch, Judith Tomaselli • **Illustrations/Illustrations:** Dominique Pochon **Traduction/Translation:** Sheona Dorson-King • **Photogravure/Colour separation:** DRIVER graph, Paris. Imprimé en Belgique/Printed in Belgium.

Édité par/Published by GSN-Chronosports • GSN Publishing – Régie Publicitaire/Advertising 119, Bd Louis-Schmidt • B-1040 Brussels. Tél. : + 32 2 743 26 40 • Fax. : + 32 2 743 26 41

Chronosports Editeur • 40 Chemin des Jordils • CH-1025 St-Suplice Tél. : + 41 21 697 14 14 • Fax. : + 41 21 697 14 16

Prix : 295 FF • 1995 FB.
ISBN 2-940125-70-8
© GSN-Chronosports

Judith Tomaselli

Paris~Dakar

2001

CHRONOSPORTS
GSN

Le livre officiel
The official book

Happy Birthday
Scott, make sure
you're not too
long in the tooth before
we get round to doing
this!
          Cheers
              Sam

PS No one else seems to be
using a 1980's Saab body
to race in . . . .

Parcours

29 et 30 décembre 2000 : Vérifications techniques
et administratives au Parc floral de Vincennes.

Lundi 1ᵉʳ janvier 2001 : Paris - Narbonne.

Mardi 2 janvier 2001 : Narbonne - Castellon de la Plana.

Mercredi 3 janvier 2001 : Castellon de la Plana - Almeria.

Jeudi 4 janvier 2001 : Nador - Er-Rachidia.

Vendredi 5 janvier 2001 : Er-Rachidia - Ouarzazate.

Samedi 6 janvier 2001 : Ouarzazate - Goulimine.

Dimanche 7 janvier 2001 : Goulimine - Smara.

Lundi 8 janvier 2001 : Smara - El Ghallaouiya.

Mardi 9 janvier 2001 : El Ghallaouiya - El Ghallaouiya.

Mercredi 10 janvier 2001 : El Ghallaouiya - Atar.

Jeudi 11 janvier 2001 : Atar (repos).

Vendredi 12 janvier 2001 : Atar- Nouakchott.

Samedi 13 janvier 2001 : Nouakchott - Tidjikdja.

Dimanche 14 janvier 2001 : Tidjikdja - Tidjikdja.

Lundi 15 janvier 2001 : Tidjikdja - Tichit.

Mardi 16 janvier 2001 : Tichit - Néma.

Mercredi 17 janvier 2001 : Néma - Bamako.

Jeudi 18 janvier 2001 : Bamako - Bakel.

Vendredi 19 janvier 2001 : Bakel - Tambacounda.

Samedi 20 janvier 2001 : Tambacounda - Dakar.

Dimanche 21 janvier 2001 : Dakar - Dakar.

Parcours

Scrutineering and administrative
checks at the Parc floral of Vincennes.

Paris - Narbonne.

Narbonne - Castellon de la Plana.

Castellon de la Plana - Almeria.

Nador - Er-Rachidia.

Er-Rachidia - Ouarzazate.

Ouarzazate - Goulimine.

Goulimine - Smara.

Smara - El Ghallaouiya.

El Ghallaouiya - El Ghallaouiya.

El Ghallaouiya - Atar.

Atar (rest day).

Atar- Nouakchott.

Nouakchott - Tidjikdja.

Tidjikdja - Tidjikdja.

Tidjikdja - Tichit.

Tichit - Néma.

Néma - Bamako.

Bamako - Bakel.

Bakel - Tambacounda.

Tambacounda - Dakar.

Dakar - Dakar.

FRANCE
PARIS
NARBONNE
CASTELLÓN
COSTA-AZAHAR
ESPAGNE
ALMERIA
NADOR
ER-RACHIDIA
OUARZAZATE
MAROC
GOULIMINE
SMARA
MAURITANIE
EL GHALLAOUIYA
MALI
ATAR
TIDJIKDJA
TICHIT
NEMA
NOUAKCHOTT
BAKEL
BAMAKO
SÉNÉGAL
TAMBACOUNDA
DAKAR

Dès l'arrivée de l'édition 2000, nous avions annoncé notre volonté d'entrer dans le troisième millénaire avec un Dakar plus proche de son esprit d'origine, plus « naturel ». C'est avec cette ligne de conduite que nous avons élaboré un parcours aussi complet et sélectif que possible, dans la tradition des plus grandes éditions de l'épreuve.
Les 276 concurrents engagés (en course) ont pu apprécier les 11 000 km de terrains variés et de paysages grandioses, de Paris à Dakar à travers la France, l'Espagne, le Maroc, la Mauritanie, le Mali et le Sénégal.

A l'issue de cette édition 2001, notre plus belle satisfaction reste l'unanimité avec laquelle tous les participants ont salué nos choix. Leurs remerciements et leur enthousiasme sont pour nous la plus précieuse des récompenses et le plus bel encouragement pour l'avenir.

Sur le plan sportif, ce Total Paris-Dakar 2001 a tenu toutes ses promesses. On pourra certes regretter que le duel attendu en moto entre Richard Sainct (tenant du titre) et Juan Roma ait été trop tôt interrompu, mettant du même coup prématurément fin à l'affrontement entre BMW et KTM.
En revanche, nous ne pouvons que nous réjouir de la victoire attendue et méritée de l'italien Fabrizio Meoni ainsi que du « quinté » de la marque autrichienne, qui se voit récompensée d'une fidélité et d'une opiniâtreté exemplaires.

Quant à la catégorie auto, la course a été le théâtre de nombreux rebondissements. Elle fut acharnée et disputée jusqu'au Lac Rose, tant au niveau du podium général que dans chaque catégorie.
Les résultats ont été incertains jusqu'au bout et nous ne pouvons que saluer le formidable spectacle que nous ont offert, entre autres, Jutta Kleinschmidt, Jean-Louis Schlesser et Hiroshi Masuoka.

Sans oublier les camions qui nous ont une fois de plus offert un magnifique spectacle. La « lutte » entre Tatra et Kamaz tourna à l'avantage de la marque Tchèque qui s'offre une superbe victoire avec Loprais.

Mes souvenirs dominants resteront d'avoir vécu trois semaines de grande compétition dans des décors somptueux, grâce à des concurrents qui seront allés au bout d'eux-mêmes, au bout de leur passion.

En attendant de se retrouver sur les pistes africaines en janvier 2002, je vous invite à revivre au travers de cet ouvrage, les plus beaux moments de cette édition 2001.

Hubert Auriol

Editorial

As soon as the 2000 edition had finished, we announced our intention to enter the Third Millenium with a Dakar that was more in line with the original spirit, more "natural". So it was with this in mind that we designed a route as full and as selective as possible to reflect the tradition of the great epics from the past. The 276 competitors entered (in the race) were able to experience 11 000 km of varied terrain and magnificent scenery, taking them from Paris to Dakar across France, Spain, Morocco, Mauritania, Mali and Senegal.

The greatest satisfaction we have derived from this 2001 edition was the unanimous approval we received from the participants concerning the choices we made. Their thanks and their enthusiasm are our most cherished reward and the greatest encouragement for the future.

On a sporting level, the Total Paris-Dakar 2001 fulfilled everyone's hopes. Of course, it was regrettable that the much anticipated duel between the bikers Richard Sainct (title holder) and Juan Roma came to a halt so soon, which in turn brought the BMW/KTM confrontation to a premature end. On the other hand, we were delighted with the well deserved victory for Italian Fabrizio Meoni as well as the Austian make's top five clean sweep, a just reward for their dogged determination and loyalty to the event.

In the car category, the race was the scene of surprise and drama. It was hotly disputed and close right up until the final stage at the Pink Lake, both in terms of the overall rankings and the individual categories. The results remained on a knife-edge up until the last day and we applaud the marvellous show that was created by Jutta Kleinschmidt, Jean-Louis Schlesser and Hiroshi Masuoka – to name but a few.

But we must not forget the trucks who also once again provided some exciting moments. The "battle" between Tatra and Kamaz went in favour of the Czech make who triumphed magnificently with Loprais.

My overriding memories will remain centred around the three weeks spent in racing at the highest level in sumptuous surroundings, thanks to the efforts of the competitors who surpassed themselves and lived their passion to the ultimate extreme.

As we wait to meet up again on the tracks of Africa in January 2002, I invite you to relive the classic moments of the 2001 edition through the pages of this book.

Hubert Auriol

Sur le Dakar, le mot aventure (" événement imprévu, surprenant " dixit Le Petit Larousse) n'est pas galvaudé. Ces chapitres racontent quelques-unes de ces histoires incroyables que les concurrents ont vécues au fil des pays traversés et les images du bivouac illustrent la vie quotidienne de ces saltimbanques, venus chercher dans le désert une leçon de vie. Bien sûr aujourd'hui il y a le GPS, la balise, le téléphone satellite... On ne se perd plus sur le Dakar, mais la plus belle des aventures n'est-elle pas celle où l'on va puiser profondément en soi la force de vivre sa passion jusqu'au bout et la volonté de continuer malgré la fatigue et les problèmes mécaniques...

On the Dakar, the word adventure "unexpected event, risk", according to the Collins English Dictionary, lives up to its name. These chapters recount some of these amazing stories that the competitors experienced crossing the various countries and the images at the bivouac illustrate the daily life of these travellers who came to the desert in search of the meaning of life. Of course, nowadays there is the GPS, the distress beacon, the satellite phone. No-one gets lost on the Dakar anymore, but the most beautiful of adventures remains the one where you push yourself to the outer limits to fulfil your dream and to keep going through the fatigue and mechanical problems...

Ritsuko Noshiro et Rodolphe Roucourt, son coéquipier.
Ritsuko Noshiro and Rodolphe Roucourt, her team-mate.

Aventure

France-Espagne

Sur le Dakar, il y a les pro et les autres, les amateurs, ceux que l'on appelle chaleureusement « les poireaux ». Pour se faire remarquer, tous les stratagèmes sont permis et Christian Dequidt (n°116), intégré à l'équipe des Blaireaux, réussit un coup d'éclat aux vérifications techniques qui se déroulent au Parc floral de Vincennes. Ce quinquagénaire du Nord, agriculteur, fait la promotion des produits de sa ferme, porte des chemises en lin et met tous les matins 5 % d'alcool de betterave dans le réservoir de sa Honda sur laquelle il a monté un garde-boue en amidon de maïs de sa fabrication. Le règlement de la F.I.M. l'oblige à utiliser du carburant de commerce mais le « jus » de betterave, ça marche !

Dequidt l'écologiste. Dequidt the ecologist.

En montant sur le podium de la Souterraine, Alain Raynal entend craquer les planches... D'accord, il est un peu fort et le magnum de rouge qu'il transporte est en surplus mais tout de même...
« Le Japonais qui était derrière moi, lui, est passé au travers et il a posé la caisse sur le plancher ! » dit le Toulousain en rigolant !

Chez BMW, on sait soigner les pilotes : l'usine allemande les a équipés de combinaisons chauffantes ! « C'est un équipement de chochottes » déclare Alfie Cox en riant (avec une pointe de jalousie dans la voix) de Joan Roma, son ancien compagnon d'écurie.

Lucho (Luc Alphand) commence bien le millénaire : sur l'autoroute qui descend à Narbonne, d'un coup d'œil à la jauge d'essence, ils conviennent, lui et son inséparable « Colonel » (Arnaud Debron), qu'ils peuvent bien attendre encore un peu. Ils s'arrêtent néanmoins à une station TOTAL pour boire un café 10 kilomètres plus loin, ils tombent en panne sèche : « Il faut bien étalonner la jauge », confie l'ancien skieur, hilare !

Dans la spéciale de Château de Lastours, Jean-Pierre Morize et Loulou Dronne, dit « l'équipage des gros », constate qu'un des duvets qui s'est détaché a coupé la pompe à essence!

Smulevici (appelé le Smul ou la Smoule !) se marre en regardant sortir de la spéciale de Château de Lastours les voitures cabossées de Leyds, Clauset et Bourgin : « En voilà qui ont déjà mis la cabane sur le chien! », en clair, ils se sont mis sur le toit ! Deux d'entre eux recolleront les morceaux mais pour les Hollandais du Toyota Trophy, Leyds et Blom, adieu veaux, vaches, cochons... l'aventure se termine à quelques kilomètres de Narbonne !

Ritsuko Noshiro vient de fêter ses 65 ans et, malgré un frontal sur le Master, elle est au départ du Dakar pour la cinquième fois ! Ce petit bout de femme, qui ne pèse que trente-cinq kilos, déborde d'une énergie sans limites : il faut la voir grimper dans son Mercedes ML 430 pour attaquer les spéciales. Confortablement assise dans son véhicule T1 Marathon de luxe (air conditionné et super suspensions), ses pieds ne touchent néanmoins pas le plancher de la voiture ; les techniciens ont dû lui fabriquer des pédales spéciales, épaisses d'une dizaine de centimètres pour lui permettre d'accélérer et de freiner ! Enfin, les ornières de sable mou de la spéciale de Castellòn ont coûté quelques litres de sueur à son navigateur, l'ex-pilote de moto, Rodolphe Roucourt qui a étrenné sa pelle toute neuve !

Les Italiens et les Africains ne sont pas seuls à être superstitieux : avant le départ, Hiroshi Masuoka a fait le plein de gris-gris : deux dans la voiture, un pour la sécurité, un autre pour la victoire (à Castellòn, il prend la tête du général...) et un autre dans une poche, au bas de la jambe gauche de sa combinaison, pour que sa bonne étoile ne l'oublie pas !

France - Spain

People who participate in the Dakar can be divided into two categories: the pros and the others, the amateurs, affectionately known as "the Greenies". And in the search for recognition any strategy is allowed, as Christian Dequidt (N°11) from the Blaireaux team showed during the technical checks that took place at the Parc Floral at Vincennes. This fifty-year-old from Northern France is a farmer and promotes the products from his farm, wearing for example, linen shirts, and adding 5% of beetroot alcohol every morning to the fuel tank of his Honda on which he has built a corn starch mudguard of his own invention. The FIM regulations stipulate that commercial fuel must be used, but beetroot juice works just as well!

When he mounted the podium at the Souterraine, Alain Raynal heard the planks creaking beneath him.. Admittedly, he's a bit on the heavy side and the magnum of red wine he was carrying didn't help, but all the same... "The Japanese guy who was behind me, fell straight through and parked his car on the ground", joked our friend from Toulouse.

At BMW, they know how to look after their riders: the German factory had equipped their riders with heated leathers! "It's a kit for mamby-pambies", said Alfie Cox mocking (but with a hint of jealousy in his voice) Joan Roma, his former stable companion.

Lucho (Luc Alphand) started the millenium on a high note: on the motorway going to Narbonne, casting a glance at the fuel gauge, he and his inseparable "colonel"

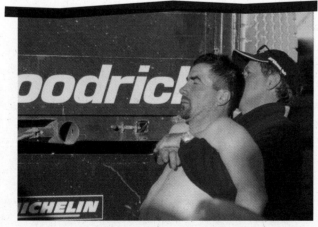

Ça casse le Kangoo, Lucho ! Lucho, the Kangoo is demanding!

(Arnaud Debron) decided that they could wait a bit longer. They still stopped at a TOTAL garage to have a coffee. Ten kilometers later, they ran out of fuel! "You must calibrate the gauge", said the former skier.

In the special stage at Château de Lastours, Jean-Pierre Morize and Loulou Dronne, known as "the fatties", had a fuel pump severed when a sleeping bag came undone.

Smulevici (otherwise known as Smul or Smoule) chuckled to himself when he saw Leyds', Clauset's and Bourgin's dented cars at the exit of the special at Château de Lastours: "There are some who've already turned the world upside down!" In short, they had already put the car on its roof! Two of them could put the pieces back together

again, but not the Dutch team Leyds and Blom from the Toyota Trophy. So long calves, cows, pigs... the adventure is over just a few kilometres from Narbonne!

Ritsuko Noshiro has just celebrated her 65th birthday and in spite of a head-on crash during the Master rally, she started the Dakar for the fifth time! This tiny little woman who only weighs 35 kilos, is full of energy: you just have to watch her climbing into her Mercedes ML 430 to attack the specials to see that. Sitting comfortably in her luxury T1 Marathon car (with air conditioning and super suspensions), her feet still didn't touch the floor. The technicians had to build special pedals for her, ten centimetres thick so she could accelerate and brake! The ruts of soft sand during the Special at Castellon produced a few buckets of sweat from her co-driver, former biker, Rodolphe Roucourt who christened his brand-new shovel!

The Italians and the Africans are not the only ones to be superstitious: before the start, Hiroshi Masuoka stocked up on lucky charms: two in the car, one for safety, one for victory (in Castellon, he took the lead overall..) and another in his pocket, at the bottom of the left leg of his overalls, so his lucky star wouldn't desert him.

Maroc

Mauvais en calcul, l'équipage du Toyota n° 267, Milhau et Irissou, tombe en panne sèche quelques centaines de mètres après le départ de la spéciale Nador-Er Rachidia !

Toujours dans cette même spéciale, Henry Pescarolo revient de loin : le pneu avant droit de son Nissan a une défaillance et, à grande vitesse, il atterrit droit dans un champ !

En moto, Jean Brucy, le « porteur d'eau » du team KTM, s'arrête pour donner sa roue avant à Jordi Arcarons dont la jante est voilée. Jean réussit à terminer la spéciale,

Jean Brucy (KTM).

change de roue au point d'assistance mais, pour rattraper son retard, il part un peu vite dans la liaison... « Je suis arrivé dans un village où l'organisation avait mis un radar, raconte le « bon Samaritain », je n'ai pas eu l'impression d'être passé devant à plus de 60 km/h... J'ai ensuite fait demi-tour car Heinz (Kinigadner) était derrière moi dans la voiture d'assistance KTM : je voulais le prévenir car il roule parfois un peu vite... En repassant devant le radar, j'ai fait signe aux gars que j'allais revenir mais plus vite cette fois... En blaguant, bien entendu ! Ça ne leur a pas plu, sans doute, car j'avais roulé la première fois à 80 km/h et je me suis pris un PV de 7000 francs ! »

Luc Alphand parie une bière avec Jean-Louis Schlesser qu'il ne le doublera pas avant 100 km dans la spéciale Er Rachidia - Ouarzazate... « Et j'ai perdu, confie Lucho à l'arrivée ! Je ne sais pas comment il fait, mais j'ai pris le départ avec sept minutes d'avance sur lui et, après 62 km, j'ai vu un obus bleu arriver dans mon rétroviseur... C'était lui ! C'est qu'il envoie pour un vieux ! »

Il y a encore de l'entraide sur le Dakar : Giovanni Sala, pilote d'usine KTM, dépanne Alain Duclos (n°102), amateur franco-malien, en lui donnant un bouchon de réservoir !

Sensibilisé au dénuement du pays par sa mère malienne, Alain Duclos est porteur d'un chèque de « SOS Sahel », organisme qui prête de l'argent et confie des projets de construction (d'écoles par exemple), uniquement aux femmes. Alain doit transmettre ce chèque lors de son passage à Bamako. « Il est donc impératif pour moi d'arriver au moins jusqu'au Mali pour remplir ma mission, confie Alain, et bien sûr pour revoir ma mère et mes demi-frères et sœurs. »

Quelques stars fréquentent le Dakar cette année : les habitués, comme Alphand et Bourgnon, mais aussi Paul Belmondo et Frédéric Moncassin, le champion cycliste. « Je pensais arriver ici incognito... explique-t-il. J'ai fait la connaissance de mes premières dunes aujourd'hui et de près car je me suis pris une sacrée gamelle ! Je me suis aussi perdu en pensant prendre un raccourci et j'ai mangé tellement de poussière que je me croyais sur le Paris-Roubaix ! »

Premières galères.... la pauvre Andrea Mayer casse son moteur dans la spéciale de Ouarzazate et doit attendre sur la piste le camion d'assistance de BMW pour en changer. L'infortunée n'arrive au bivouac qu'à minuit ! Chez KTM, son homonyme,

Jurgen Mayer, se fracture la clavicule droite... « Je commence le rallye comme Meoni l'an dernier, confie-t-il, j'espère qu'il le terminera comme moi l'an dernier ! »

À Goulimine, nous faisons la connaissance de Claude Marthaler, un Genevois qui fait le tour du monde en vélo depuis sept ans maintenant ! Parti de Suisse, il est allé en Russie, en Inde, au Tibet, au Japon... Il est revenu en descendant le continent américain, puis est passé de la Terre de Feu en Afrique du Sud. Il arrive, aujourd'hui, à la fin de son périple et attend le passage du Dakar à Goulimine pour saluer d'autres aventuriers.

Fin d'un rêve pour le motard écolo : Christian Dequidt termine le rallye en hélicoptère, rapatrié au bivouac médical Fidélia de Goulimine, cheville brisée !

Déception du Québécois, Patrick Trahn, qui, ce matin, les larmes aux yeux, monte dans l'avion de presse pour rejoindre Smara et rentrer chez lui. Déjà, l'an dernier, il avait dû renoncer à une tentative rapidement avortée et il espérait bien, cette année, rallier Dakar, mais cette fois, le moteur de sa Honda a rendu l'âme.

Jérôme Rivière, comme beaucoup d'autres pilotes sur Nissan, a un problème de hayon arrière. Tout à sa course, le Lyonnais ne s'arrête pas immédiatement... Quand il contrôle son chargement, il s'aperçoit que son duvet et les sacs de son copilote et ami, Patrick Fourticq, sont tombés loin derrière sur la piste... Ils auraient très certainement fait des heureux si Roland Hoebeke, l'ancien « quadiste », n'était passé par là vers 1 h du matin. Seul dans sa Mercedes, il ramasse un des sacs perdus. Arrivant au bivouac à 4 h, grâce à la liste du classement et au nom qui était inscrit sur le sac, il retrouve le numéro de la voiture et le propriétaire à qui il restitue son bien, au petit-déjeuner !

Patrick Fourticq, heureux d'avoir retrouvé ses sacs. Patrick Fourticq, delighted to have found his bags.

Morocco

Not very good in their calculations, the Toyota n° 267 driven by Milhau and Irissou, ran out of fuel just a few hundred metres after the start of the Special Nador-Er Rachidia!

In the same Special, Henri Pescarolo came back from a long way: the right front tyre on his Nissan was defective and, at high speed, he ended up in a field!

In the bikes, the team KTM's "water carrier" Jean Brucy stopped to give his front wheel to Jordi Arcarons whose rim had buckled. Jean managed to finish the Special and change the wheel at the Assistance area but, trying to make up on lost time, he went a little fast in the Liaison... "I came to a village, where the organisers had installed a radar," explained the Good Samaritan. "I didn't have the impression that I had gone past at more than 60km/h... So I turned round because Heinz (Kinigadner) was behind me in the KTM assistance vehicle and I wanted to warn him because he sometimes goes a bit fast... When I passed by the radar again, I gestured to the guys that I was going to come back even faster the next time, as a joke, of course. But they didn't like it I guess because I had gone through the first time at 80 km/h and I got a fine of 7000 francs!"

Luc Alphand bet a beer with Jean-Louis Schlesser that he wouldn't pass him before kilometre 100 on the Special Er Rachidia-Ouarzazate... "And I lost", said Lucho at the finish. "I don't know how he does it, but I started 7 minutes ahead of him and, after 62 km, I saw this blue object closing in on me in my mirror... It was him! He really shifts for an old-timer!!"

There is still the spirit of helping each other out on the Dakar: Giovanni Sala, the works KTM rider, came to the aid of Alain Duclos (N°102) the Franco-Mali amateur, by giving him a fuel cap.

Made aware of the plight of the country by his Mali mother, Alain Duclos was carrying a cheque from the organisation "SOS Sahel" which lends money and arranges construction projects (for example schools) only to women. Alain had to hand over the cheque at Bamako. "It's therefore essential that I get to Bamako to fulfil my mission," explained Alain, and of course to see his mother and half-brothers and sisters again.

There are a few stars in the Dakar this year: the regulars like Alphand and Bourgnon, but also Paul Belmondo and Frédéric Moncassin, the champion cyclist. "I thought I would come here incognito," he explained. "I encountered my first dunes today and at very close range, because I came a real cropper! I also got lost by trying to take a short cut and I ate so much dust I thought I was on the Paris-Roubaix!"

The first trials and tribulations: Poor Andrea Mayer broke her engine in the Ouarzazate Special and had to wait for the BMW assistance truck to change it. The unlucky girl only arrived at the bivouac at midnight! At KTM, her namesake, Jurgen Mayer, fractured his right collarbone... "I started this rally like Meoni last year," he said. "I hope he finishes like I did last year".

At Goulimine, we met Claude Marthaler, a guy from Geneva who has been cycling round the world now for seven years! Starting in Switzerland, he went to Russia, India, Tibet, Japan... His route

Claude Marthaler, globe-trotter à vélo.
Claude Marthaler, the globe-trotter on a bicycle.

home has taken him to the American continent, then from Tierra del Fuego to South Africa. Today he had come to the end of his round-trip and had come to Goulimine to see the arrival of the Dakar and meet other adventurers like himself.

It was the end of the dream for the green rider: Christian Dequidt finished the rally in the helicopter bringing him back to the Fidelia medical tent at the bivouac in Goulimine with a broken ankle.

Huge disappointment for the Quebec rider Patrick Trahn who this morning climbed into the press plane for Smara and a connecting flight home. Last year as well he had had to abandon a short-lived attempt and he was really hoping that this year he would reach Dakar. This time it was the engine on his Honda that gave up hope.

Like many Nissan drivers, Jérôme Rivière had a problem with his hatchback. Engrossed in his race, the Lyons man didn't stop immediately... When he checked his load, he noticed that his sleeping bag and the bags belonging to his co-driver and friend Patrick Fourticq had fallen out way back on the track. They would certainly have made some locals very happy, if Roland Hoebeke the former quad rider, hadn't passed through at one in the morning. Driving alone in his Mercedes, he collected one of the bags. When he got to the bivouac at four o'clock, he located the owner from the ranking and the name on the bag and was able to give it back at breakfast time!

Mauritanie

Décidément, Alphand est destiné à rentrer à la « ficelle » sur le Dakar. Cette fois, il casse une suspension puis le volant moteur, un des points faibles du Kangoo. « On a attendu le camion d'assistance pendant 4 h 30, raconte-t-il le lendemain. Comme c'était le cagnard, on a fait une grotte avec le capot. On s'est mis dessous en lisant l'équipe et chaque fois qu'un concurrent passait, on applaudissait ! Quand le camion est arrivé, il nous a tractés, mais les manilles de la sangle cassaient, on a terminé en faisant des nœuds... et se faire tracter dans les dunes, c'est moyen. En temps normal quand le camion se plante au-dessus d'une dune, il recule, mais là, on était derrière, il fallait donc faire des manœuvres insensées... On a mis 7 h pour faire 100 km ! » Malheureusement pour les bonnes histoires du rallye, le sympathique équipage est contraint à l'abandon.

La nuit est longue aussi pour les assistances : Georges Groine arrive à El Ghallaouiya, à 4 h du matin, et l'un de ses camions, à 7 h 30. Les « Michelin boys », eux aussi, se trouvent dans les dunes, tard la nuit, et ils ne sont pas seuls. Il y a tant de voitures plantées dans le sable que Marie-France Estenave, journaliste, pense que c'est le bivouac !

Les voitures Michelin roulent en convoi. Par sécurité, les pilotes communiquent par radio et le premier qui passe une dune informe les autres d'un danger éventuel. « L'ouvreur passe une dune cassée, raconte Jean-Jacques Bertry, et nous avertit, mais Christophe se plante sur la crête... Pendant qu'on l'aide à se dégager, arrive le n° 301, à fond ! On n'a pas eu le temps de le prévenir qu'il partait en

casquette avant ! Comme les gars ne sortaient pas tout de suite de la voiture, on est allés les aider, ils étaient en sang ! Rien de grave heureusement mais des blessures au visage. L'organisation, arrivée sur place un peu plus tard, nous demande de tirer l'auto des traces... Au moment où je mets la pleine charge pour les sortir, la sangle casse... J'ai vu la manille m'arriver droit dessus mais heureusement pour moi il y avait le pare-brise, sans lui, je l'aurais prise en pleine tête ! »

Nettement moins drôle : Gilles Pillot, coéquipier de Jean-Paul Libert sur le Toyota n° 306, se fait heurter par un Japonais alors qu'il dégonfle le pneu avant gauche de la voiture et se retrouve la tête encastrée dans le passage de roue ! Fait inadmissible, Kanamori, responsable de cet accident, ne s'est même pas arrêté ! « J'ai vraiment vu la mort de près, raconte le miraculé, emmené en hélicoptère au bivouac médical de Fidélia. J'avais la tête coincée près du moteur et je n'arrivais pas à me dégager, j'étouffais. Par chance, deux motards – dont le n° 71, Yves Fromont, qui est resté avec moi jusqu'au bout – étaient plantés là et ont soulevé la voiture avec Jean-Paul me permettant ainsi de me dégager. »

Dans la boucle d'El Ghallaouiya, le Portugais Villar (n°18) tire tout droit au GPS pour trouver le point... situé au milieu d'un canyon. S'il avait regardé une carte, il se serait aperçu qu'il fallait le contourner pour en trouver l'entrée. Arrivé au bord de la falaise, il a tout de même le temps de freiner, de coucher sa moto et de s'agripper aux rochers alors que sa machine fait le grand saut et atterrit quinze mètres plus bas dans le sable. Remis de ses émotions, il dévale la falaise à pied et réussit à redémarrer sa moto. Plus tard, son copain – qui suit ses traces – arrive sur le lieu de sa chute et quelle n'est pas sa surprise de s'apercevoir que les marques au sol se terminent au bord du gouffre et reprennent quinze mètres plus bas !

Bruno Saby casse le pont avant de son Protruck alors que le véhicule américain d'origine n'a que deux roues motrices... « On a fait 200 km comme ça dans les dunes, je ne sais toujours pas comment on est arrivés au bivouac. C'est un miracle ! Pas de chance non plus pour son coéquipier, Philippe Wambergue, qui connaît des problèmes de moteur et parvient au bivouac avec de sévères pénalisations. Dommage, ce n'était qu'un fil arraché...

Chanceux. Philippe Peillon, n° 82, essuyant panne après panne, commence sérieusement à désespérer quand arrive un pick-up bondé de Touareg en balade. Curieux, ils le regardent pendant un moment puis un Targui s'approche et lui dit : « Tu sais, je suis aussi mécanicien et je pense que tu devrais enlever le filtre à essence. » N'ayant plus grand chose à perdre, Philippe s'exécute et la moto se met en

Petit déjeuner de la bande à Strugo à El Ghallaouiya. Strugo's breakfast group at El Ghallaouiya.

route ! Pour remercier le Targui, il lui permet de réaliser un de ses vœux, comme le bon génie de la lampe, et l'emmène faire une boucle dans le désert sur sa moto ! Plus tard, vers 18 h, alors qu'il s'était ravitaillé 70 km auparavant, il tombe en panne d'essence... le réservoir percé. À bout d'énergie et de moral, il sort alors son duvet et s'endort au bord de la piste quand un camion s'arrête à ses côtés. Les mécaniciens réparent sa moto et remettent de l'essence !

Mauritania

Alphand always seems destined to finish the Dakar on a knife-edge. This time he broke the suspension and then the flywheel, a weak point on the Kangoo. "We waited for the assistance truck for four and a half hours", he explained the next day. "Since it was a bit chilly, we made a little hovel with the bonnet. We sat underneath it and read "L'Equipe", applauding each competitor as they went past. When the truck finally arrived, he towed us, but the clips on the straps kept breaking, so we ended up tying knots... and getting towed in the dunes is not easy. Normally when a truck gets stuck he can reverse, but since we were at the back, he had to make the most incredible manœuvres. So it took us seven hours to do 100km!". Unfortunately for the anecdotes on the rally, the likeable team was forced to abandon.

Santiveri a préparé des kits " pleine forme " pour les motards ! Santiveri had prepared "keep fit" kits for the riders!

The night was also long for the assistance vehicles: Georges Groine got to El Ghallaouiya at four in the morning, and one of his trucks at seven! The "Michelin Boys" also found themselves in the dunes late into the night and they weren't alone. There were so many cars stuck in the sand, that the journalist Marie-France Estenave thought it was the bivouac!

The Michelin cars drove in convoy. For safety reasons, the drivers communicated by radio and the first one to pass a dune warned the others of any danger. "The opener went through a dune with a sheer drop," explained Jean-Jacques Bertry. "And he called to warn us, but Christophe got stuck on the peak.. While we were helping him to get out,

the 301 arrived at full speed! We didn't have the time to warn him and he made a forward roll! Since the guys didn't get out immediately we went to help them and they were covered in blood! Fortunately nothing serious, just cuts to their faces. The organisers arrived a little later and asked us to pull the car away from the track. Just as I put my foot down to get them out, the strap broke... I saw the shackle coming straight for me, but fortunately there was the windscreen. If it hadn't been there I would have been hit straight on the head!"

Definitely less amusing: Gilles Pillot, Jean-Paul Libert's team-mate in his Toyota N° 306, was hit by a Japanese driver as he was deflating the front left tyre and found himself with his head stuck in the wheel arch! What is even more inacceptable is that Kanamori, the driver causing the accident, didn't even stop!
"I really stared death in the face," explained Gilles after his miraculous escape and after being transported by helicopter to the Fidelia medical tent. "My head was stuck right next to the engine and I couldn't get it out,

I was choking. Luckily, two bikers – one of whom number 71, Yves Fromont, who stayed with me to the end – were stuck there too and lifted up the car with Jean-Paul so that I could get out".

In the loop at El Ghallaouiya, Portuguese rider Villar (N° 18) went straight ahead to try and find the GP waypoint ... located in the middle of a canyon. If he had looked at a map, he would have seen that you had to go round to find the entrance. When he got to the edge of the cliff, he had the time to apply the brakes, drop his bike and cling on to the rocks as his bike cascaded 15 metres below into the sand. After recovering from the shock, he was able to go down the cliff on foot and restart his bike. Later, his friend, who was following his tracks, arrived at the same spot and was amazed to see that they ended at the edge of the cliff and started again 15 metres lower down!

Bruno Saby broke the front axle of his Protruck when his American car had only two steered wheels... "We went for 200 km like that in the dunes," he said. "I still don't know how we got to the bivouac. It's a miracle!"
Saby's team-mate Philippe Wambergue didn't have much more luck. He had problems with the engine and got to the bivouac with severe time penalties. It's a shame, because the problem turned out to be just a disconnected wire.

Éric Vigouroux se donne lui aussi une belle peur en sautant une dune avec son Protruck, l'avant complètement planté dans le sable. Arrivé au bivouac, remis de ses émotions, il raconte, un sourire béat sur les lèvres : « C'était beau, on aurait dit un monument ! Dommage, je n'avais pas d'appareil photo… »

À Atar, les motards arrivent les uns derrière les autres. Les pilotes du team KTM se regroupent autour de Meoni, désormais leader puisque Roma s'est blessé au genou droit et que Richard Sainct a cassé son moteur. Cox, heureux pour Fabrizio, raconte comment il devient fou à chaque fois que son copain John Deacon le double : « Johnny Bacon (pour cause de poignées d'amour !) me fait l'effet d'un drapeau rouge sur un taureau commente le Sud-Africain très en verve.

Il a attendu un bout droit rapide pour me doubler et ça m'a énervé. Mais un peu plus loin, il y avait des bosses, il est parti dans tous les sens avec sa BM… je suis alors arrivé à sa hauteur et je lui ai fait signe – ça va ? – Puis j'ai mis un grand coup de gaz et je suis parti en riant ! »

Les motards restent toujours solidaires. Qu'importe les couleurs qu'on porte, en moto, on s'entraide, ce qui fait chaud au cœur! Jean Brucy (KTM), bien évidemment, s'arrête auprès de Joan Roma (BMW) quand ce dernier chute mais comme la balise s'est déclenchée, Cyril Després est déjà près de lui. Jean continue donc sa route. « Plus tard, j'ai trouvé Jimmy Lewis (BMW), raconte-t-il, sa roue arrière était complètement ensablée. Le pauvre ouvrait les gaz à fond et s'enfonçait encore plus… Je me suis alors arrêté pour lui montrer comment coucher sa moto sur le côté, la faire pivoter pour la sortir du trou… et repartir. »

Chez Mitsubishi, on rigole bien avec les aventures de Calagan, le héros de la bande dessinée qu'a écrite Jean-Pierre Fontenay, s'inspirant de faits invraisemblables, mais bien réels, qui lui sont arrivés sur le Dakar !

Gentlemen. Le soir de la journée de repos à Atar, c'est la fête un peu partout dans le bivouac : chez Groine, on sort le foie gras, le jambon et le sauciflard tandis que le cuisinier Mousse réchauffe les petites patates sarladaises et le confit de canard. Mais hospitalité oblige, les voisins de palier, Paolo Barilla et Mateo Marzotto viennent partager l'apéritif. L'ancien pilote de F1 et son navigateur courent sur un camion Mercedes (n° 405) et sont de véritables tifosi de Mme Noshiro. La croisant à plusieurs reprises sur la piste, ils rendent hommage à sa volonté et à l'ardeur de son copilote, Rodolphe Roucourt, quand il est à la pelle ! « Tu es un héros pour nous, lance Mateo à Rodolphe, mais demain on part derrière vous on vous fera donc l'assistance ! »

Belle histoire de galère que celle de Cédric, mécano dans l'équipe Mercedes. Mercredi à 16 h, il monte dans un pick-up local, muni d'une boîte de transfert, afin de dépanner Lansac et Jacquemard, bloqués dans les dunes. D'abord, il faut s'arrêter pour boire le thé dans chaque village où le chauffeur décide de faire halte. Une fois, il doit même faire l'éloge du lait de chamelle… avec quelques mouches en prime ! Finalement, à 22 h 30, alors qu'ils arrivent au pied des fameuses dunes, le chauffeur déclare : « On ne passera pas de nuit, on dort et on verra demain. » Cédric décide alors de rejoindre à pied l'équipage Mercedes, distant d'1,5 km pour lui expliquer la situation. « Pas question, » répondent-ils. Cédric revient pour tenter de convaincre le chauffeur qui lui propose… un chameau ! Il en choisit un avec soin (l'un est trop vieux, l'autre trop jeune, et le troisième est une chamelle pleine). Voilà notre Cédric monté sur un chameau portant d'un côté la boîte de transfert et de l'autre le cric, à travers

"Calagan" Fontenay.

dunes, de nuit ! Mais l'histoire ne s'arrête pas là. Une fois la réparation terminée, Lansac et Jacquemard lui proposent de l'emmener… Mais où s'asseoir dans une voiture de compétition où le moindre espace est utilisé ? Après 3 km sur la console avant… Cédric parcourt les quelque 200 km restants entre le réservoir et le toit !

Le 11 janvier, le Dakar prend fin pour François Flick qui, ayant chuté, souffre d'un traumatisme crânien sans complication. La catégorie « Production » perd donc son leader.

Andrea Mayer a encore plus chaud que les autres dans l'étape Atar-Nouakchott : sa moto ensablée dans une dune, elle se fait attaquer par une vingtaine d'adolescents. « Ils m'ont pris les outils et les quelques pièces de rechange que je transportais puis ont ouvert ma veste pour me voler tout ce que j'avais comme nourriture. À la fin, j'ai enlevé mon casque et j'ai donné des coups pour les faire fuir.

A lucky break. Number 82 Philippe Peillon, enduring one breakdown after the other, was starting seriously to lose hope when a pick-up truck full of travelling Touaregs arrived. They watched him curiously for a while and then a Targui approached him and said: "You know, I'm also a mechanic and I think you should take out the fuel filter". Since he had nothing much to lose, Philippe did as he suggested and the bike started up again! To thank the Targui, he played the Genie Of the Lamp and allowed him to make a wish come true by taking a ride in the desert on his bike. Later, around 18h00, after filling up with fuel just 70 km further back, he ran out of petrol, with a ruptured fuel tank. At the end of his tether and his strength, he took out his sleeping bag and fell asleep at the side of the track when a truck arrived. The mechanics repaired his bike and replaced removed the fuel!

Eric Vigouroux also gave himself a real fright jumping over a dune with his ProTruck and burying the front into the sand. When he got to the bivouac, and had recovered from the shock, he recounted

with a blissful smile on his face,
"It was beautiful, like a monument! What a shame I didn't have a camera with me!"
The bikers arrived in Atar one after the other. The KTM riders gathered round Meoni, now in the lead since Roma injured his right knee and Richard Sainct had broken his engine. Cox was happy for

Fabrizio and was explaining how mad he got every time his friend John Deacon passed him: "Johnny Bacon (due to his love-handles) has the effect on me of a red flag to a raging bull," explained the lively South African. "He waited for a long straight to pass me and that got on my nerves. But a bit further on when there were some bumps, his BM was all over the place. So I caught him up and gestured to him to see if he was OK? Then I pulled out the throttle and rode off laughing!"

The bikers remain united. Whatever team they represent, bikers help each other out which is very heart-warming! Jean Brucy (KTM) of course stopped for Joan Roma (BMW) when he crashed, but since the distress beacon had gone off, Cyril Després was already on hand. So Jean continued on his way. "Later I came across Jimmy Lewis (BMW)," he explained. "His rear wheel was totally submerged in the sand. The poor guy opened the throttle even more and sank deeper and deeper. So I stopped to show him how by laying the bike on its side, he could make it spin round to get out of the hole … and continue on his way".

At Mitsubishi everyone had a good laugh at the adventures of Calagan, the cartoon drawn by Jean-Pierre Fontenay, taking inspiration from unbelievable, but true incidents that have happened to him on the Dakar.

Gentlemen. It was party-time almost everywhere at the bivouac on the evening of the rest-day at Atar. At Groine, out come the goose paté, the ham and the salami while the chef Mousse heated up dishes of small potatoes and duck. With hospitality a key word on the bivouac, neighbours Paolo Barilla and Mateo Marzotto passed by for the aperitif. The former F1 driver and his navigator were competing in a Mercedes truck (N°405) and

are real fans of Mrs Noshiro. Having come across her several times on the track, they paid tribute to her determination and also to the efficiency of her co-driver Rodolphe Roucourt, when he's using his shovel! "You are a hero for us", Mateo told Rodolphe.
"But tomorrow we're starting behind you so we'll bring you some assistance!"

Laurent Bourgnon (Nissan).

A fine tale of trials and tribulations from Cédric, mechanic from Mercedes. On Wednesday at 16h, he set-off in a local pick-up truck, with a transfer box in order to repair Lansac and Jacqumard's car that was stuck in the dunes. First of all, they had to stop and drink tea in each village where the driver decided to stop. At one point, he even had to sing the praises of the camel milk with a few flies floating in it as a bonus! Finally at 22h30 when they arrived at the foot of the famous dunes, the driver declared: "We won't get through at night, we'll sleep on it and see tomorrow". Cedric therefore decided to go on foot to reach the Mercedes team who were about 1.5 km away. "No way," they replied. Cedric came back to try and convince the driver who offered him … a camel! He chose one carefully (one was too old, the other too young and the other was a pregnant female), and set off by camel with the transfer box under one arm and the jack under the other across the dunes at night. But the story doesn't end there. Once the repairs had been made, Lansac and Jacqumard offered to take him back… But where do you sit in a racing car where each space is occupied? After 3 km on the front console, Cedric spent some 200 km between the fuel tank and the roof!
On 11 January, the Dakar ended for François Flick who crashed, suffering a simple cranial traumatism in the process. So the "Production" category lost its leader.

En plus, j'avais perdu mon carton dans la liaison... Une bonne journée. »

Le même genre de mésaventure arrive à Éric Gallant (n° 115) en calant dans les dunes. « Une dizaine de gamins sont venus autour de la moto et, tandis que certains me distrayaient, deux morveux en ont profité pour couper les lanières de l'étui qui renfermait la balise... J'ai alors attrapé un adulte et je lui ai dit que le gamin ne saurait pas qu'en faire mais que je la lui rachetais 100 F ! Ça a marché ! J'étais d'autant plus content que, quelques jours plus tôt, dans la boucle El Ghallaouiya-El Ghallaouiya, j'étais tombé en panne d'essence et parti à pied au bivouac. Quand je suis revenu avec des Mauritaniens, ma moto avait disparu. On l'a finalement retrouvée sous des branchages et le paysan qui m'avait piqué la balise l'a rendue après quelques palabres... »

Tidjikdja. Alain Raynal est contraint à l'abandon, le dernier amortisseur de son Toyota ayant rendu l'âme. « On reste avec la troupe pendant qu'ils parcourent la boucle et l'on ouvre le magnum de rouge ce soir, puis on ira attendre à Saint-Louis ! » commente le Toulousain, toujours de bonne humeur !

Studieux les navigateurs chez Mitsubishi ! The navigators at Mitsubishi are studious!

Rivière et Fourticq collectionnent les incidents : quatre cardans hors d'usage, bagages perdus sur la piste, casse de la boîte de vitesse. Les mécanos du camion d'assistance de Dessoude réparent le Nissan sur la piste et l'équipage ATS rentre au bivouac à 6 h 30 du matin, juste le temps de prendre un café et de repartir...

Philippe Wambergue déclare forfait après avoir cassé le couple conique. Écœuré par sa malchance – il était déjà pénalisé de 25 heures dans la boucle El Ghallaouiya-El Ghallaouiya –, il rentre sur Nouakchott puis Dakar.

Sacrée journée pour Moncassin ! Victime d'une panne après le CP2, il cherche la cause et, ne la trouvant pas – en fait, il a serré son moteur – il s'obstine et essaye de remettre sa moto en route, en « kickant »... Un retour de kick lui explose une cheville ! Il fait un feu de bois en attendant et s'endort. Éveillé quelque temps après, il se rend compte que personne n'est encore passé par là, il prend alors son GPS en direction de la piste principale et marche deux heures... bottes aux pieds ! Il aperçoit un hélico au loin, qui ne le voit pas... Il retourne vers sa moto et déclenche sa balise. L'hélico fait demi-tour et donne son point GPS à un Tango (véhicule médical) qui l'embarque. Un peu plus loin, ils découvrent un Japonais qui a perdu son sac à dos et son casque dans une chute et roule à 40 km/h avec une jambe cassée. Moncassin prend le guidon de la moto jusqu'au CP3 tandis que les médecins embarquent le Japonais dans le Tango.
En arrivant au CP3, le Tango tombe en panne de gasoil... Moncassin siphonne et deux jours plus tard, le cycliste en a encore le souvenir ému ! Enfin, il rejoint le bivouac de Tidjikdja en camion-balai puis repart pour Rosso – puis Dakar – en taxi-brousse en compagnie de Bernard Pascual et de Max Kienle (n° 67).

Dommage, nos gentlemen « camionneurs » Paolo Barilla, Mateo Marzotto et Fernando Ravarotto, traction antérieure cassée, sont contraints de laisser leur Uni Mog dans les dunes et regagnent le bivouac de Tidjikdja dans la voiture-balai. Avertis par les anciens, ils réalisent quelle erreur ils ont commise en abandonnant le camion. S'ils veulent le récupérer intact, ils

doivent y retourner. Mateo réussit alors l'exploit de se faire emmener en hélicoptère. Paolo et Fernando, après 13 heures de camion, le rejoignent. Pour sortir des dunes et parcourir les 35 km qui les séparent de la piste, tractés par le camion, il leur faudra 48 heures...

Dans la boucle Tidjikdja-Tidjikdja, Jean-Pierre Fontenay et Gilles Picard ont beaucoup de chance. Avec deux vis de la crémaillère cisaillées, ils sont lancés à 150 km/h... sans direction. Ils bricolent pendant une heure et rejoignent le bivouac « doucement, très doucement » confie Calagan.

Paolo Barilla, de la F1 au Dakar en camion Mercedes ! Paolo Barilla from Formula One to the Dakar in a Mercedes truck!

Andrea Mayer had a more lively day than others on the stage Atar-Nouakchott: with her bike stuck in the sand, she was attacked by about twenty youngsters. "They took my tools and a few spare parts I was transporting, then they opened my jacket to try and steal my food. In the end, I took off my helmet and started hitting them to go away. What's more, I lost my card on the Liaison, so it's not my day today".

The same type of misadventure happened to Eric Gallant (N° 115) when he got stuck in the dunes. "About a dozen kids circled my bike and while some tried to distract me, two little pests cut the strings on the bag containing the distress beacon. So I got hold of an adult and I told him that the kid wouldn't know what to do with it, but I would buy it back for 100 FF! And that worked! I was even happier because a few days earlier in the loop El Ghallaouiya-El Ghallaouiya, I ran out of fuel and went to the bivouac on foot. When I came back with some Mauritanians, my bike had disappeared. We finally found it under some branches and the idiot who had stolen my beacon gave it back after a few discussions".

Tidjikdja. Alain Raynal had no option but to retire after the last shock absorber on his Toyota gave up the ghost. "We'll stay with the group while they do the loop and we'll open the magnum of red wine this evening, then we'll go and wait in Saint Louis!", said our friend from Toulouse, still in good spirits.

Rivière and Fourticq are collecting incidents: four joints replaced, bags lost on the track, broken gearbox. The mechanics from the Dessoude assistance truck repaired the Nissan on the track and the ATS team arrived at the bivouac at 6h30 in the morning, just the time to have a coffee and to start again..

Philippe Wambergue withdrew from the rally after breaking the bevel drive gear. Sickened by his ill-luck - he had already obtained a 25 hour penalty in the loop at El Ghallaouiya – he went to Nouakchott then Dakar.

It was a hectic day for Moncassin! After breaking down just after CP2, he was looking for the cause and when he couldn't find it - in fact, the engine had seized - he obstinately tried to get his bike going again with a kick-start. But his ankle exploded in the process! So he made a woodfire while waiting for help and fell asleep. When he woke up some time later, he realised that no-one had gone by and so he took his GPS and made his way towards the main track, walking for two hours in his boots! He noticed a helicopter some way off that didn't see him. So he returned to his bike and let off the distress beacon. The helicopter turned around and gave his GPS to a Tango (medical vehicle) who took him on board. A little further on they came across a Japanese rider who had lost his rucksack and helmet in an accident and who was riding at 40km/h with a broken leg. Moncassin took the seat on the bike until CP3 while the doctors took the Japanese rider in the Tango. When it got to CP3, the Tango ran out of fuel. Moncassin siphoned some off and two days later, the cyclist was still moved by his experience. Finally he got to the bivouac at Tidjikdja in the sweeper truck, then departed for Rosso - then Dakar - by bush taxi accompanied by Bernard Pascual and Max Kienle (N° 67).

Unfortunately our gentlemen truckers – Paolo Barilla, Mateo Marzotto and Fernando Ravarotto – were obliged to leave their Uni Mog in the dunes with a broken rear-wheel drive and reached the Tidjikdja bivouac in the sweeper car. Warned by more seasoned competitors they soon realised the mistake they had made in abandoning the truck. If they wanted to get it back intact, they would have to go back for it. So Mateo managed to get himself flown there by helicopter. After 13 hours in a truck, Paolo and Fernando joined him. To get out of the dunes and cover the 35 km to the track, towed by another truck, it took 48 hours …

In the Tidjikdja loop, Jean-Pierre Fontenay and Gilles Picard were very lucky. With two screws in the rack and pinion shorn off, they found themselves at 150 km/h with no steering. They fiddled around for an hour and got to the bivouac "gently, very gently", said Calagan.

Erick Farges would not see Dakar on his motorbike. Injured during a heavy crash, he fractured his wrists and left elbow. His wife is not at the end of her woes either, with a baby undergoing open heart surgery before the rally started, and a husband without the use of his arms but with an iron will!

Guy Leneveu was caught out in Tichit like a first – timer, this veteran of at least ten Dakars – leaving his shoes outside his tent. In the morning, he was of course bare foot! And in the same "absent-minded

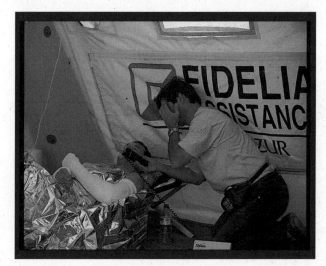

Erick Farges et/and Gégé.

Erick Farges ne verra pas Dakar au guidon de sa moto : blessé lors d'une lourde chute de moto, il souffre d'une fracture des poignets et du coude gauche. Sa femme n'est pas au bout de ses peines, avec un bébé opéré à cœur ouvert avant le départ du rallye, un homme sans bras mais doté d'un sacré caractère ! Courage !

À Tichit, Guy Leneveu se fait avoir comme un bleu : un vétéran qui a participé à une dizaine de Dakar et qui laisse ses chaussures devant sa tente... au matin, il est pieds nus ! Et dans le genre « vieux routard distrait », Jérôme Rivière oublie son sac avec tente, duvet etc. dans le camion d'assistance de Dessoude... qui va directement à Néma. Il reçoit l'hospitalité – et une couverture – chez Fidélia pour la nuit.

Dans l'étape Tidjikdja-Néma, la consigne est donnée chez KTM, « Tous pour un ! ». Arcarons, Cox, De Gavardo, Esteve Pujol et Jean Brucy doivent rouler derrière le leader, Fabrizio Meoni ! Bien entendu, la consigne vaut pour Giovanni Sala, qui, 19e au général, n'a plus rien à perdre. Arrivé au rocher des Éléphants, le Bergamasque ralentit, arrête sa moto, la met sur la béquille, ouvre sa combinaison et... en sort un appareil photo avec lequel il immortalise le fameux roc ! Plus tard, à 175 km de l'arrivée, il perd l'axe de sa roue arrière qui était mal serré, pratique une réparation de fortune avec de l'adhésif et de l'élastique et parcourt les 324 km restants à 50 km/h...

À Néma, une voiture de gendarmerie est arrêtée au milieu de la piste qui mène du bivouac à l'aéroport, roue avant droite couchée sur le sol ! Entraide oblige, l'assistance du Toyota Trophy répare le demi-train et la rotule arrachés et offre les pièces détachées à la gendarmerie mauritanienne !

Marie-Christine Lamy, attachée de presse du Dakar. Marie-Christine Lamy, the Dakar press officer.

Mali

Dans l'étape de transition Néma-Bamako qui mène les concurrents de Mauritanie au Mali, Masuoka casse la rotule arrière de son Mitsubishi. Avec l'aide de Pascal Maimon, il démonte la roue sur la piste, malheureusement, ils ne possèdent pas de pièce de rechange. Arrivent alors, comme par miracle, leurs anges gardiens, Jean-Pierre Fontenay et Gilles Picard, apportant une rotule de remplacement, qui repartent l'un après l'autre après leur avoir prêté main-forte. Grâce à l'intervention de leurs coéquipiers, Masuoka et Maimon restent en tête du classement général. Pourtant, à l'arrivée à Bamako, c'est la soupe à la grimace. Pour leur remonter le moral, Jef sort le salami, le rouge, les malabars... et à ceux qui se restaurent Fontenay raconte : « Quand je pense que j'ai failli mettre une combinaison propre ce matin, j'ai eu raison de ne pas le faire... regardez dans quel état je suis ! Et en plus, j'ai du cram-cram partout, je me suis gratté durant toute la liaison ! »

Belle journée pour Alain Duclos (n°102) qui, pressé de retrouver sa famille, termine 4e de la spéciale ! À l'arrivée à Bamako, où habite sa mère, l'attendent télévision, radio, journaliste... le Franco-Malien est la star du jour. Concerné – et pour cause – par les problèmes de l'Afrique, il apporte un chèque de l'association « SOS Sahel » destiné à financer un projet géré par des femmes. Le soir, les yeux comme des étoiles, Alain déambule dans le bivouac en compagnie de sa mère qu'il a retrouvée ainsi que ses demi-frères : un grand moment d'émotion.

Alain Duclos (KTM), star à Bamako. Alain Duclos (KTM), the hero of Bamako.

old fox" category, Jérôme Rivière left his bag with his tent, sleeping bag etc in Dessoude's assistance truck which was going directly to Nema. He received refuge - and a blanket - from Fidelia for the night.

In the stage Tidjikdja-Nema, the order was given at KTM "All for one!" Arcarons, Cox, De Gavardo,

Le " Guitounet d'amour " de Bourgnon !
Guitounet, Bourgnon's "darling"!

Esteve Pujol and Jean Brucy were all to ride behind the leader Fabrizio Meoni! Of course the same order was valid for Giovanni Sala, who in 19th place overall, had nothing to lose. When he got to the Elephants rock, he slowed down, stopped his bike, put it on its stand, opened his leathers ... and took out a camera to take a picture of the famous rock! Later, 175 km from the finish, he lost the axle of his rear wheel which was not properly tightened and made hasty repairs with glue and an elastic band and rode for the remaining 324 km at 50 km/h.

At Nema, a car belonging to the police was stuck in the track going from the bivouac to the airport with the front right wheel lying on the floor. The Toyota Trophy assistance team repaired damaged suspension and the crank pin and offered the spare parts to the Mauritanian police free of charge!

Mali

In the transitional stage between Nema and Bamako which took the competitors from Mauritania to Mali, Masuoka broke the rear crank pin on his Mitsubishi. With the help of Pascal Maimon, he dismantled the wheel on the track, but unfortunately they didn't have a spare part. Then as if by miracle, the guardian angels in the shape of Jean-Pierre Fontenay and Gilles Picard arrived bringing a replacement crank pin and some useful extra hands to help out with the repairs. Thanks to the assistance from their team-mates, Masuoka and Maimon kept their position in first place of the overall standings. However, a frosty welcome was waiting for them in Bamako and to buck up their spirits, Jef brought out the salami Fontenay explained, red wine and to the crowd of diners. "I almost put on some new overalls this morning, it's a good job I didn't. Look at the state of me! And what's more I've got cram-cram everywhere, I couldn't stop scratching for the whole Liaison".

A fine day for Alain Duclos (N°102) who was so anxious to see his family he finished the special in 4th place! When he got to Bamako where his mother lives, the TV channels, radio stations and journalists were all waiting for him. The Franco-Mali rider was the star of the day. Rightly concerned by the problems in Africa, he brought a cheque with him from the "SOS Sahel" charity aimed at financing a project managed by women. During the evening, with stars in his eyes, Alain could be found wandering around the bivouac with his mother and and his half-brothers: a very emotional moment for him.

Marie-Christine,
Charlotte et/and
Florence
(Presse/Press).

Senegal

Sur la spéciale qui relie le Mali au Sénégal entre Bamako et Bakel, les concurrents ont la chance d'apercevoir des singes. « Il y avait toute une famille, raconte Cyril Després à l'arrivée de l'étape, cinq singes qui regardaient passer le rallye du bord de la piste au km 250 ! »

Berti et son réveil fanfare. Berti and his fanfare alarm clock.

Le team manager de BMW, Bertold Hauser, dit Berti, n'a qu'une angoisse sur le rallye : ne pas se réveiller le matin. Afin de profiter des quelques heures de sommeil dont il bénéficie, et dormir d'un sommeil profond, il utilise un réveil « fanfare bavaroise » qui s'entend dans tout le campement BMW ! Un must !

À Bakel, Marc Roy (membre du collège auto), Jacky Rittaud et Serge Tison (commissaires techniques moto) prennent ensemble un « taxi-brousse » pour se rendre à l'hôtel. Quelques kilomètres plus tard, ils tombent en panne d'essence. Le chauffeur ne se démonte pas, il demande à Jacky, assis à l'avant, de tenir le volant et descend de voiture alors que celle-ci roule encore sur le bas-côté : « Je vais demander de l'aide à mes copains qui suivent, expliquent-ils. » Il revient, arrête l'auto, ouvre le capot, coupe les phares, il fait nuit noire... Le capot de la voiture qui s'est arrêtée derrière eux est levé, ils sont trois à s'affairer sur le tuyau d'alimentation de la pompe. Curieux, les officiels s'avancent pour observer la méthode africaine de « siphonnage »... et là, surprise ! Les trois gars se remplissent la bouche d'essence, reviennent à l'auto en panne, crachent le précieux liquide dans le carburateur et recommencent l'opération plusieurs fois de suite ! « Sans même cracher par terre, s'exclament les Français en riant ! Une fois le carburateur rempli, on est reparti, mais ils ont dû recommencer leur manœuvre une deuxième fois avant d'arriver à la pompe et là, il a mis 1 500 CFA de carburant dans le réservoir soit 1,8 litre ! On n'avait jamais vu ça ! »

Jipé Strugo et Pascal Larroque ont vraiment beaucoup de chance : hier, après avoir affronté quelques péripéties, puis s'être fait tracter par un camion dans la spéciale... les mécaniciens ont réussi, au moyen de trois boîtes de transfert cassées, à réparer la leur, grâce à quoi ils ont pu repartir le matin pour Tambacounda. « On a été pendant 400 km "à la ficelle" » derrière le camion, raconte Jipé, et c'était l'horreur car la piste était vraiment défoncée. On nous avait conseillé un autre chemin qui s'est avéré tout aussi difficile mais qui, en plus, nous a fait traverser deux fois le fleuve : la première sur un pont de chemin de fer, le camion à cheval sur les rails et nous dessus... Ensuite, on a dû prendre un bac... qui nous a coûté, à l'embarquement, 500 CFA (5FF) pour la voiture et 700 CFA (7 FF) pour le camion... de l'autre côté, on s'est fait à nouveau arrêter pour payer mais cette fois 500 F... français ! Et, c'est un comble, à nous qui avions écrasé une vache la veille, le policier a remis un reçu sur lequel il avait barré « taxe pour abatage de bovin ! »

Le lendemain matin, Jipé a une belle surprise en se réveillant : une jolie petite souris a élu domicile dans sa chaussure ! Il l'appelle « Jipette » et veut la ramener à Paris pour l'offrir à sa femme, Marie ! Mais Jipette s'échappe de la bouteille où elle

REPUBLIQUE DU MALI
UN PEUPLE - UN BUT - UNE FOI
REGION DE KAYES
CERCLE DE BAFOULABE
COMMUNE RURALE DE
BAFOULABE

quai

Prix : 500 F

N° 74

Senegal

On the Special linking Mali to Senegal between Bamako and Bakel, the competitors were able to see some monkeys. "There was a whole family," explained Cyril Després at the stage finish. "Five monkeys who watched the rally go past at km 250".

The BMW team manager, known as Berti, has one big worry on the rally: that he won't wake up in the morning! So in order to maximise the few hours' sleep he gets and to sleep soundly, he uses a "Bavarian fanfare" alarm clock, which can be heard throughout the BMW camp!

At Bakel, Marc Roy (member of the car council), Jacky Rittaud and Serge Tison (bike scrutineers) took a bush taxi together to get to the hotel. A few kilometres later, they ran out of petrol. The driver didn't raise an eyebrow and asked Jacky sitting at the front to hold the wheel, while he got out of the car which was still running on the verge. "I'll go and ask my friends behind for help ", he explained. He came back, stopped the car, opened the bonnet and turned out the lights, even though it was the dead of night. The bonnet on the other car behind was also raised and three of them were fiddling around with the pipe leading to the pump. The curious officials decided to go and see the African method of siphoning fuel and to their

surprise, the three guys were filling their mouths with fuel then going to the other car and spitting the precious liquid into the carburettor and starting the operation all over again! "Without even spitting on the ground," explained the bemused Frenchmen. "Once the carburettor was full, we set off again but they had to repeat the activity again before they got to the petrol station and there, the driver put in 1,500 CFA's worth of fuel in the tank, about 1.8 litres!"

La super équipe : A.Tégnier (Fidélia), J. Schittenhelm (Total) et C. Noël (Fidélia).
The A team: A.Tégnier (Fidélia), J. Schittenhelm (Total) and C. Noël (Fidélia).

Jipé Strugo and Pascal Larroque are really lucky: Yesterday, after encountering a range of difficulties, and getting towed by a truck during the Special, the mechanics managed to repair their broken transfer box using the parts from three other broken ones which enabled them to set off for Tambacounda the next day. "We were really on a knife-edge behind the truck", explained Jipé. "And it was awful because the track was really

bumpy. Someone recommended another route which was just as difficult but which in addition meant we had to cross the river twice: the first time on a railway bridge with the truck on the rails and us below. Then we had to take a boat, which cost us 500 CFA (5 FF) for the car and 700 CFA (7 FF) for the trock upon embarkation, but on the other side we were stopped again to pay 500 (French) F! The day before when we knocked over a cow, the policeman gave us a receipt on which he had written "tax for bovine extermination!"

The next day, Jipé had a fine surprise when he woke up: a pretty little mouse had decided to set up home in his shoe. He called it "Jipette" and wanted to take it back to Paris as a present for his wife, Marie. But Jipette escaped from the bottle where he had kept her.. When he got to Dakar, Pascal found it unconscious in his bag. He put it on the ground and called Jipé, but when he turned his back, Jipette had scampered off. It seems that at Chatou, the climate is not the same as in Senegal.

Within the Toyota Trophy, it's becoming know as the "Trophy that rolls" and with good reason: a roll-over for the Dutch team N° 312 in Narbonne, for the Danish team at Er Rachidia, for Vanina Ickx at Ouarzazate, for De Wagter (N° 296) between Smara and El Ghallaouiya, the same punishment for the car N° 314 (Nagelmackers) in the loop at El Ghallaouiya as well as one of the assistance cars (N° 534). Finally Dagmar (N° 311) finished in style on the roof between Tambacounda and Dakar!

séjourne... Arrivé à Dakar, Pascal la retrouve inanimée dans son sac. Il la pose par terre et appelle Jipé mais le temps qu'il se retourne Jipette s'est fait la belle... c'est qu'à Chatou, ce n'est pas le même climat qu'au Sénégal !

Au sein du Toyota Trophy, on appelle l'équipe « le Trophy qui roule », et pour cause : tonneau pour l'équipage hollandais n° 312 à Narbonne, pour les Danois à Er-Rachidia, pour Vanina Ickx à Ouarzazate, pour Dewagter, n° 296, entre Smara et El Ghallaouiya, même punition pour le n° 314, Nagelmackers, dans la boucle El Ghallaouiya-El Ghalaouiya comme pour un des véhicules d'assistance (n° 534). Enfin, Dagmar (n° 311), termine en beauté avec une « cabane sur le chien » entre Tambacounda et Dakar !

Pas de chance pour PG Lundmark qui ne verra pas Dakar en moto... Il s'était déjà fracturé le nez et l'arcade sourcillière il y a quelques jours mais, malgré un œil au beurre noir et à moitié fermé, avait courageusement continué le rallye. Dans l'étape Tambacounda-Dakar, une nouvelle chute contraint le vainqueur de la spéciale Atar-Nouakchott à l'abandon. Poignet fracturé et épaule luxée, il est évacué en hélicoptère vers la capitale sénégalaise...

Il est écrit que Heinz Kinigadner n'arrivera jamais à Dakar au moyen d'un véhicule motorisé... Il n'a jamais vu l'arrivée en moto, mais cette année, il pilote une voiture d'assistance dont le moteur casse ! Giovanni Sala commente : « À sa place, j'y penserais à deux fois à prendre l'avion pour Dakar car il risque bien d'avoir une panne de réacteur ! »

Pas de chance pour Jimmy Lewis qui se fracture la clavicule droite dans la dernière spéciale, sur la plage du lac Rose, à Dakar ! L'Américain réussit néanmoins à franchir la ligne d'arrivée.

Le soir, c'est la fête dans le clan KTM mais Kini, « trop fatigué », ne verra pas la discothèque dans laquelle les Mitsubishi boys ont mis une ambiance d'enfer... et d'eau !
Calagan aura encore des histoires à raconter.

Heinz Kinigardner et/and Kris Rosenberger (KTM).

Bad luck for PG Lundmark who wouldn't see Dakar by bike. He had already fractured his nose and eyebrow bone a few days ago, but in spite of a black eye which was half closed he had courageously continued the rally. In the stage between Tambacounda and Dakar another crash forced the winner of the Special Atar-Nouakchott to retire. With a fractured wrist and dislocated shoulder he was evacuated to the Senegalese capital by helicopter.

It has been written than Heinz Kinigadner will never reach Dakar in a motorised vehicle. He never made the finish by bike, but this year, he was driving an assistance vehicle and the engine broke! Giovanni Sala commented: "If I were in his shoes, I'd think twice about taking a place to Dakar because he might risk the reactor breaking down".

No luck either for Jimmy Lewis who fractured the right collarbone in the last Special, on the beach at the Pink Lake, in Dakar! But the American still managed to cross the finishing line.

In the evening of the finish it was party time for the KTM team, but Kini was "too tired" and wouldn't make the discotheque in which the Mitsubishi boys had created an electric atmosphere... with a lot of water! Calagan would have still more stories to recount.

Ça commence mal pour Bruno Saby qui déjante sur la plage de Castellon. It doesn't start well for Bruno Saby who lost a rim on the beach at Castellòn.

Miaou ! Miaow!

Souci mécanique pour P.G. Lundmark qui arrive à El Ghallaouiya en 105ᵉ position...
Mechanical troubles for P.G. Lundmark who got to El Ghallaouiya in 105th place...

Philippe Bermudes (KTM).
Philippe Bermudes (KTM).

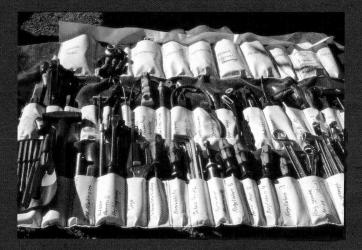

Stéphane Henrard (Buggy Volkswagen).
Stéphane Henrard (Volkswagen Buggy).

Vivre sur le bivouac :

manger,
se laver,
dormir...

Life on the bivouac:

eating,
            washing,
sleeping ...

L'avion Yacco transporte les malles des motards. The Yacco plane transports the bikers'trunks.

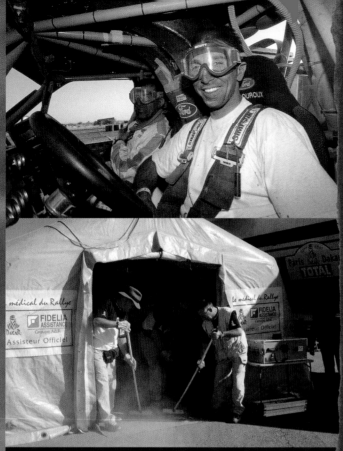

Magnaldi et Borsotto sont classés 2ᵉ T1 Marathon. Magnaldi and Borsotto (Mercedes) are ranked 2nd in T1 Marathon.

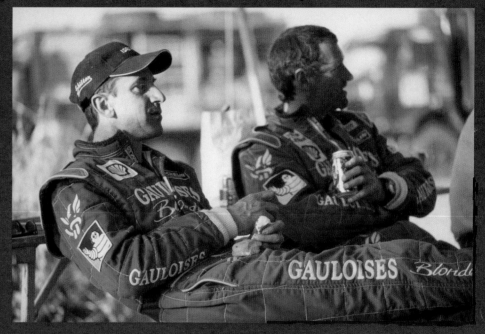

L'aventure en Protruck pour Éric Vigouroux. The Protruck adventure for Eric Vigouroux.
Quand on est médecin pour Fidélia, il faut savoir tout faire ! When you're a doctor with Fidelia, you need to be able to do everything!
Gianni Lora Lamia et son fidèle Roberto étudient le roadbook. Gianni Lora Lamia and his faithful Roberto study the roadbook.
Loulou Dronne : pas question de se prendre au sérieux ! Loulou Dronne: no question of taking himself seriously.

Philippe Wambergue (Ford).

Matteo Marzotto, coquet... A clothes-conscious Matteo Marzotto...
Jean-Paul Sibellas (Mitsubishi).
Jérôme Rivière au travail. Jérôme Rivière at work.
Jean-Pierre Strugo (Mercedes).

Problème pour Delavergne (Nissan) dans l'étape Nouakchott-Tidjikdja : le moteur chauffe... A problem for Delavergne (Nissan) in the stage Nouakchott - Tidjikdja: the engine is overheating

Bourgin "tanké" en Mauritanie. Bourgin "stuck" in Mauritania.

L'intérieur
du buggy   Schlesser.
Inside Schlesser's
buggy.

Jutta Kleinschmidt, reine du Dakar. Jutta Kleinschmidt, the Queen of Dakar.

Delavergne, Kroiss, Güinot, Dubois et Bourgnon, la fine équipe! Delavergne, Kroiss, Guinot, Dubois and Bourgnon, the A team! Gasparino Langella (Mercedes). Gasaparino Langella (Mercedes). Jojo Groine au téléphone satellite. Jojo Groine on the satellite telephone.

Jean-Michel Polato (Mitsubishi).

Gilles Vieilly (Mitsubishi).

Sans assistance à Tichit, Magnaldi ravitaille comme il peut ! With no assistance in Tichit, Magnaldi refuels as best he can!

Mais que Meoni et Arcarons peuvent-ils bien se raconter, à l'arrivée à Bakel ? But what can Meoni and Arcarons be telling each other at the finish in Bakel?

Après son abandon, Sainct soutien son coéquipier, Meoni. After retiring, Sainct supports his team-mate, Meoni.

PAGE	ÉTAPE : GALALAHOUYA/GALLAHOUYA		KM ÉTAPE : 517,90
5	SECTEUR SÉLECTIF N°9		KM SECTEUR : 517,90
			- TEMPS MAXI : 11h30
KM TOTAL	**DIRECTION**		**OBSERVATION**
KM PARTIEL			
517,90	→ STOP		ARRIVÉE S.S. N°9
2,33	• A.S.S.		GPS.6 ... 21°35'600"N 10°36'100"W
518,90			STOP
0,10			CONTRÔLE - STOP

Pas de repos pour les mécaniciens à Atar, ils remettent
à neuf les machines qui doivent encore parcourir la
moitié du parcours, soit environ 5 000 km. No rest for
the mechanics in Atar, they totally strip down all
the machines that still have to cover half
the distance, around 5000 km.

Jamais la course en auto n'a été aussi belle. En osmose complète durant trois semaines, Hiroshi Masuoka et Pascal Maimon ont été les plus combatifs de cette 23° édition du Dakar mais la course est ainsi faite que les lauriers de la victoire ont été remportés par Jutta Kleinschmidt, première femme à gagner le rallye ! En moto, à quarante-trois ans, Fabrizio Meoni réalise le rêve de toute une vie en montant sur la plus haute marche du podium et Loprais gagne, cette année encore, dans la catégorie des camions.
Mais du premier au dernier, repoussant chaque jour leurs limites pour rallier Dakar, les 141 équipages à l'arrivée
- 76 motos, 53 autos et 12 camions - décrochent la plus belle
des récompenses : l'estime et
le respect de leurs pairs...

The car race had never been so exciting. In complete osmosis for the whole three weeks, Hiroshi Masuoka and Pascal Maimon were the most competitive of this 23rd edition of the Dakar but in the end, victory went to Jutta Kleinschmidt, the first woman ever to win the rally! In the bikes Fabrizio Meoni at 43 years old fulfilled a lifelong ambition by claiming the top place on the podium and Loprais, won once again this year in the truck category. But from the first to the last, each day pushing themselves further over the limit to reach Dakar, the 141 teams at the finish - 76 bikes, 53 cars and 12 trucks - all received the finest of rewards, the esteem and the respect of their peers.

Fabrizio Meoni, vainqueur en moto.
Fabrizio Meoni, winner in bike.

Course

Étape / Stage 1

Lundi 1er janvier
Paris - Narbonne

Liaison : 310 km.
Spéciale : 6 km.
Liaison : 600 km.
Total : 916 km.

Le 1er janvier 2001 à 5 h du matin, 133 motos, 113 autos et 30 camions prennent le départ du Champ-de-Mars sous une pluie battante. Les concurrents entament un parcours de 10 739 km dont 6 180 km de spéciales : certains visent la victoire, d'autres la performance, mais tous rêvent d'arriver à Dakar. La première spéciale de l'année se déroule sur le circuit de la Châtre. En moto, Joan Roma (BMW) signe le même temps que Jo Sala (KTM), derrière eux, se trouvent le Sud-Africain, Alfie Cox, et le transfuge, Richard Sainct. En auto, Servia devance de peu son patron, Schlesser, mais les Mitsubishi ne sont pas loin. Wambergue et Saby, en Protruck, signent le même temps et se placent respectivement 10e et 11e. La course aux avant-postes sera serrée, et elle le sera aussi en T1 Marathon où il y a vraiment du beau monde. Dans le team GDC Mercedes on retrouve le vainqueur de la Coupe, Strugo, Lartigue, Magnaldi, chez Nissan, Peterhansel s'est engagé à la dernière minute et Rivière se présente comme un sérieux client ! Un abandon est déjà à déplorer en auto : Arnoux casse le pont avant de son buggy !

On the 1st January 2001 at 5 o'clock in the morning, 133 bikes, 113 cars and 30 trucks left the start from the Champ-de-Mars in the driving rain. The competitors would embark on a journey of 10,739 km including 6,180 km of Special stages. Some were seeking victory, others a good result, but all were dreaming of reaching Dakar. The first Special of the year took place at the circuit at La Châtre. In the bikes, Juan Roma (BMW) recorded the same time as Jo Sala (KTM) and behind them was the South African, Alfie Cox, and the turn-coat Richard Sainct. In the cars, Servia was slightly ahead of his boss, Schlesser, but the Mitsubishis weren't far behind. Wambergue and Saby in a Protruck both scored the same time placing themselves 10th and 11th respectively. The battle up front was going to be close, but the same would be said of the T1 Marathon category where some fine names were also listed. In the GDC Mercedes team there was Cup winner Strugo, Lartigue and Magnaldi. At Nissan, Peterhansel entered at the last minute and Rivière appeared to be a serious contender! There was already one retirement in the cars: Arnoux who broke the front axle on his buggy.

Magnaldi et Borsotto, parrainés par le Lido de Paris. Magnaldi and Borsotto, sponsored by the Paris Lido.

Étape / Stage 2

Mardi 2 janvier
Narbonne - Castellon

Liaison : 40 km.
Spéciale : 35 km.
Liaison : 490 km.
Total : 565 km.

Ce matin, les concurrents quittent Narbonne sous un superbe soleil et se rendent à Château-Lastours où est organisée la spéciale. En moto, mauvais jour pour les BMW : Cyril Després perfore une durit de liquide de freins et John Deacon perd une demi-heure à réparer deux fils électriques cassés sous le réservoir. Sainct s'impose devant Roma.

En auto, Schlesser remporte la spéciale, talonné par Masuoka qui n'a pas l'intention de faire de figuration cette année ! En T1 Marathon, Peterhansel s'impose à nouveau devant Rivière, Lartigue, Lansac et Magnaldi. Strugo, avec des problèmes d'électronique, perd du temps. Tous reprennent ensuite la route de l'Espagne, précisément vers Castellon Costa-Azahar, située à 80 km au nord de Valence.

In the morning, the competitors left Narbonne in marvellous sunshine and made for Château-Lastours where the Special was held. In the bikes it was a bad day for BMW: Cyril Després perforated a brake fluid hose and John Deacon lost half an hour repairing two broken electric wires under the fuel tank. Sainct won the stage ahead of Roma. In the cars, Schlesser took the Special, shadowed by Masuoka who had no intention this year of featuring as an "also-ran". In the T1 Marathon category, Peterhansel won again ahead of Rivière, Lartigue, Lansac and Magnaldi. Strugo lost time with electronic problems. Then everyone headed for Spain, and Castellon Costa-Azahar located 80 km north of Valencia.

Étape Stage 3

Mercredi 3 janvier

Castellon - Almeria

Liaison : 10 km.
Spéciale : 5 km.
Liaison : 430 km.
Total : 445 km.

C'est par un temps magnifique que les concurrents auto abordent les 6 km de spéciale. La course moto est malheureusement annulée car la Fédération espagnole de moto demande trop d'argent... Les pilotes tiennent néanmoins à parcourir le tracé sur la plage, par respect pour le public.

En auto et en camion, le spectacle est à la hauteur car la spéciale se déroule sur la plage, dans du sable... mou ! De nombreux pilotes de pointe s'ensablent et perdent un temps précieux : Saby, Wambergue, Shinozuka, Rivière... Fontenay remporte l'épreuve et Masuoka s'empare de la première place au général mais le rallye commence vraiment demain, au Maroc, après une nuit passée en mer sur le bateau qui les emmène d'Alméria en Afrique. En camion, si la boîte de vitesse du Kamaz de Tibau a rendu l'âme à la Châtre, les deux autres monstres russes sont en tête du classement devant le Tatra de Loprais.

The weather was fantastic as the car competitors embarked upon the 6km of the Special. The bike race had unfortunately been cancelled because the Spanish motorcycle federation wanted too much money. But the riders still rode round the beach track out of respect for the general public. The car and truck categories were spectacular because the Special was taking place on the beach in soft sand! Several top drivers got stuck and lost some precious time: Saby, Wambergue, Shinozuka, Rivière ... Fontenay won the stage and Masuoka took the first place overall, but the real rally would begin the next day in Morocco, after a night spent on the boat from Almeria to Africa.
In the truck category, although Tibau's gearbox gave up on the Kamaz at La Châtre, the other two Russian monsters were in the lead ahead of Loprais' Tatra.

Étape Stage 4

Jeudi 4 janvier

Nador - Er - Rachidia

Liaison : 194 km.
Spéciale : 130 km.
Liaison : 279 km.
Total : 603 km.

Après une nuit en mer, les concurrents débarquent à Nador pour une première étape marocaine de mise en jambe. La spéciale est plus que favorable aux KTM qui raflent les cinq premières places, Sainct prenant l'ascendant sur De Gavardo, Meoni, Cox et Tiainen. Chez BMW, Roma, qui n'aime pas le Maroc, n'est que sixième. Lewis et Deprés connaissent des problèmes de « bib mousse ». En auto, Schlesser, parti en 13ᵉ position, voulant à tout prix se dégager de la poussière soulevée par ses adversaires, remonte comme un diable bleu et remporte la spéciale, s'emparant également de la tête du classement général, avec 4 minutes d'avance sur Fontenay. Delavergne réalise une superbe spéciale et termine 4ᵉ avec son Nissan. Masuoka (Mitsubishi)

est victime de deux crevaisons tandis que le Belge, De Mevius, casse son pont arrière. En T1 Marathon, Rivière voit ses deux roues arrière cassées et Lartigue se classe premier T1 Marathon avec son Mercedes devant Peterhansel (Nissan) et Magnaldi (Mercedes).

Embarquement dans le bateau. Embarkation on the boat.

After a night at sea, the competitors disembarked at Nador for a first stage in Morocco to break themselves in. The Special was more than favorable to KTM who bagged the first five places with Sainct leading home De Gavardo, Meoni, Cox and Tiainen. For BMW, Roma who doesn't like Morocco could only take sixth place. Lewis and Deprés had problems with the "bib mousse". In the cars, Schlesser started in 13th place, but wanting above all to avoid the dust from his opponents, he came back like a blue rocket and won the Special, taking first place overall in the process with a lead of four minutes over Fontenay. Delavergne drove a magnificent Special and finished fourth with his Nissan. Masuoka (Mitsubishi) suffered two punctures while the Belgian, de Mevius, broke the rear axle. In the T1 Marathon, Rivière broke both rear wheels and Lartigue took first place with his Mercedes ahead of Peterhansel (Nissan) and Magnaldi (Mercedes).

Étape Stage 5

Vendredi 5 janvier

Er-Rachidia-Ouarzazate

Liaison : 57 km.
Spéciale : 333 km.
Liaison : 182 km.
Total : 572 km.

Aujourd'hui, les pilotes rencontrent les premières dunes, notamment l'erg Chebbi qu'ils doivent franchir. Ensuite, le tracé devient plus roulant, et le passage à Marzouga, dans la vallée du Dra, compte parmi les plus beaux paysages du Maroc. Cette spéciale, superbe mais difficile, est remportée en moto par le sympathique Chilien, Carlos De Gavardo, qui devient le premier Sud-Américain à remporter une spéciale. En auto, le malin Lurquin, navigateur de Servia, coupe dans les dunes, tactique qui leur donne de remporter la spéciale devant Schlesser et Fontenay, contraint de ralentir dans la poussière du buggy, et devant Delavergne qui n'est jamais bien loin au volant de son Nissan.
En T1 Marathon, les Mercedes brillent encore une fois : Thierry Magnaldi – longtemps absent du classement à cause d'une erreur – remporte la spéciale et s'empare de la tête du classement général devant Lartigue (Mercedes) et Peterhansel (Nissan). Rivière casse une de ses transmissions et Strugo remonte tranquillement mais sûrement au classement général !

buggy. Delavergne was next and is never far behind in his Nissan.
In the T1 Marathon, the Mercedes stood out once again: Thierry Magnaldi - absent from the rankings for a while due to an error - won the Special and took the lead in the overall rankings ahead of Lartigue (Mercedes) and Peterhansel (Nissan). Rivière broke one of his transmissions and Strugo slowly but surely was climbing up the rankings!

This was the first day when the competitors would encounter their first dunes and notably at the beginning of the Special the Erg Chebbi. Afterwards the track became quicker and the pass at Marzouga in the Dra valley is renowned as one of the most beautiful landscapes in Morocco. This superb, but testing Special was won in the bike section by the friendly Chilean, Carlos de Gavardo who becomes the first South American ever to have won a Special stage.
In the cars, the crafty Lurquin, Servia's navigator, took a short cut in the dunes, a tactic that won them the Special ahead of Schlesser and Fontenay, who had to slow down due to the dust thrown up by the

Étape Stage 6

Samedi 6 janvier

Ouarzazate-Goulimine

Liaison : 155 km.
Spéciale : 305 km.
Liaison : 148 km.
Total : 608 km.

En moto, Roma réussit l'exploit et offre à BMW sa première victoire de spéciale sur le rallye tandis que De Gavardo (KTM), parti en tête et peu habitué à mener la course, termine 4e derrière Roma, Tiainen et Sainct. En auto, les concurrents aux avant-postes ont à gérer la poussière et les cailloux. Les autres se payent des kilomètres derrière les camions qui prennent le départ, nouveau règlement exige, au milieu des autos. L'équipage Schlesser/Magne remporte la spéciale devant Servia/Lurquin, Fontenay/Picard et Masuoka/Maimon. Delavergne perd un peu de temps à cause d'une crevaison lente mais termine néanmoins en 5e position. En T1 Marathon, Magnaldi conforte son avance sur Peterhansel et Lartigue.

In the bikes, Roma gave BMW its first victory in a Special of the rally, while De Gavardo (KTM) who started first and is not used to leading a race, finished fourth behind Roma, Tiainen and Sainct. In the cars, the front-runners had to cope with the dust and the stones. The others had long kilometres behind the trucks which in line with the new regulations could set off among the cars. The Schlesser/Magne team won the Special ahead of Servia/Lurquin, Fontenay/Picard and Masuoka/Maimon. Delavergne lost some time due to a slow puncture but still finished in fifth place. In the T1 Marathon, Magnaldi consolidated his lead over Peterhansel and Lartigue.

7

Étape Stage

Dimanche 7 janvier

Goulimine - Smara

Liaison : 53 km.
Spéciale : 420 km.
Liaison : 16 km.
Total : 489 km.

Cette septième journée de course est marquée par un rebondissement spectaculaire dans la catégorie auto, lorsque Jean-Louis Schlesser, après une crevaison au km 134, cale et se fait pousser dans la zone neutre du CP 2, manœuvre totalement interdite par le règlement. Il écope donc d'une pénalité d'une heure et se retrouve huitième ! Masuoka, sans aucun incident mécanique, se distingue en remportant la première longue étape du rallye devant Servia. Malgré un pare-brise étoilé par l'impact d'une pierre, Fontenay et Picard sont en tête au CP1, mais plus tard, après avoir réparé une crevaison, ils n'arrivent plus à redémarrer leur Mitsubishi... Le nez dans le capot, ils branchent la batterie de secours, crèvent une deuxième fois pour finalement passer la ligne d'arrivée avec deux secondes d'avance sur Schlesser. Chez Dessoude, Delavergne a été victime d'un triangle de suspension

cassé et Laurent Bourgnon, souffrant d'une angine depuis le début du rallye, ménage sa monture. En T1 Marathon, Peter le malin, non seulement ne crève pas, mais réussit, grâce à une petite coupe, à prendre la tête du classement général et gagne vingt

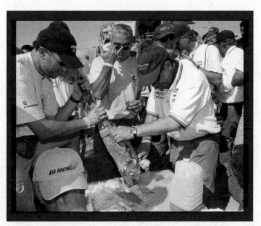

On ne se laisse pas mourir de faim à la Guardia Civil ! The Guardia Civil doesn't let you die of starvation!

minutes sur Magnaldi qui crève deux fois ! En moto, mauvais jour pour KTM : Sala casse son bras oscillant et Tiainen son moteur ; il attend le camion-balai tandis que Cox perd 1 h 15 à redresser sa roue avant abîmée sur une grosse pierre. C'est donc Esteve Pujol qui remporte la spéciale. Meoni termine 2e et prend la 2e place au général tandis que Roma s'est perdu. Pas de chance pour Cyril Després qui finit sur la jante : son pneu s'est détruit en frottant sur le protège-cardan qui s'est détaché.

This seventh day of competition was marked by a spectacular episode in the car category, when Jean-Louis Schlesser stalled after a puncture at kilometre 134, and was pushed into the neutral zone at CP2, a manœuvre which is absolutely forbidden in the regulations. So he was given an hour's penalty and now found himself in eighth place! Masuoka had no mechanical problems at all and won the first long stage of the rally ahead of Servia. In spite of a windscreen splintered by the impact of a pebble, Fontenay and Picard were ahead at CP1, but later on, after repairing a puncture, they were unable to restart their Mitsubishi. With

their heads under the bonnet, they connected the reserve battery, then got another puncture, finally reaching the finish two seconds ahead of Schlesser. At Dessoude, Delavergne was the victim of a broken wishbone and Laurent Bourgnon, who had been suffering from a throat infection since the start of the rally, was carefully managing his equipment. In the T1 Marathon, clever old Peter had not one single puncture and also took the lead overall thanks to a little short cut, gaining twenty minutes on Magnaldi who had two punctures. In the bikes, it was a bad day for KTM: Sala broke his swinging arm and Tiainen his engine; he waited for the sweeper truck while Cox lost 1h15 trying to right his front wheel which had been damaged by a rock. So Esteve Pujol won the Special. Meoni finished second and took the second place overall while Roma got lost. Cyril Després was totally out of luck, finishing the stage on the rim when his tyre was totally destroyed as it rubbed against the cardan joint protection which had become detached.

L'assistance GDC.
The GDC assistance.

Smara-El Ghallaouiya

Liaison : 9 km.
Spéciale : 619 km.
Total : 628 km.

En moto, le terrain rapide permet à Roma (BMW) de reprendre 2' 20 à Sainct (KTM). Meoni se blesse à l'épaule en chutant en début de spéciale et recule à la 3e place tandis que Cox, parti 59e en raison de ses déboires de la veille, termine 3e.

En auto, Servia et Lurquin remportent la spéciale avec 1' 58 d'avance sur Masuoka et Maimon. Schlesser, parti très loin derrière, perd 5' 22 sur son coéquipier. Shinozuka prend 1 h 30 de retard à faire de la mécanique tandis qu'Alphand et Debron cassent une suspension et le volant moteur de leur Kangoo. Schlesser, patron du team, décide de ne pas réparer. Le Kangoo abandonne donc... Dommage ! En T1 Marathon, Peterhansel conforte son avance sur Magnaldi qui « se tanke » dans une cuvette faute d'avoir dégonflé ses pneus. Plus loin dans la spéciale, un tirant de pince tordu par une pierre le contraint à rouler à petite vitesse. Des difficultés aussi pour Lartigue, trois fois ensablé, une bonbonne d'amortisseur desserrée.

Luciano Carcheri
(KTM).

Strugo et Larroque continuent leur remontée tandis que Rivière et Fourticq perdent 30 minutes dans le sable.

In the bikes, the fast track enabled Roma (BMW) to take back 2'20 from Sainct (KTM). Meoni injured his shoulder in a crash at the beginning of the Special and moved back into third place while Cox who had started in 59th position following his misfortunes of the day before, finished in third place.

In the cars, Servia and Lurquin won the Special with a lead of 1'58 over Masuoka and Maimon. Schlesser started way back and lost 5'22 on his team-mate. Shinozuka lost 1h30 on mechanical problems and Alphand and Debron broke a suspension and the engine flywheel on their Kangoo. Team boss Schlesser decided not to repair it. So the Kangoo retired from the race. In the T1 marathon, Peterhansel consolidated his lead over Magnaldi who became stuck in a basin because he didn't deflate his tyres sufficiently. Further on in the Special a pull rod bent by a stone meant he had to drive very slowly. Lartigue also experienced difficulties, getting stuck in the sand three times and experiencing shock absorber problems. Strugo and Larroque continued their steady progress while Rivière and Fourticq lost thirty minutes in the sand.

Philippe Bermudes en route pour Dakar ! Philippe Bermudes en route for Dakar!

9

Mardi 9 janvier
El Ghallaouiya-El Ghallaouiya

EL GHALLAOUIYA

Spéciale : 518 km.
Total : 518 km.

Dans cette première boucle, les concurrents n'ont à leur disposition que deux pages sur le road-book pour franchir la passe d'El Ghallaouiya, et seulement trois points GPS sont donnés...
Les leaders moto, Sainct et Roma, tirent au cap, prennent la mauvaise piste et se neutralisent au point qu'Alfie Cox leur reprend 17 minutes en 330 km (alors qu'il a perdu plus de dix minutes à réparer sa chaîne). Ce petit jeu du chat et de la souris profite à Esteve Pujol qui remporte un deuxième succès en trois jours. À 50 m de l'arrivée,

Stéphane Perterhansel, toujours premier ! Stéphane Peterhansel, always first !

une pierre endommage le cylindre de la BMW de Roma.
En auto, l'étape se révèle assez difficile pour de nombreux concurrents : à 19 h 30, une quarantaine d'entre eux seulement sont au bivouac. Jutta Kleinschmidt roule de conserve avec le Portugais Souza jusqu'au CP3, mais prend ensuite une meilleure option et remporte sa première spéciale du rallye. Fontenay et Picard affrontent des malheurs en série : une crevaison au km 50, une seconde au km 297, puis une touffe d'herbe à chameau bloque net leur véhicule qui se couche sur le flanc. Aidés par Souza et Polato, ils redressent le Mitsubishi mais terminent la spéciale sans embrayage ni direction assistée. Masuoka passe 2ᵉ au classement général. De Mevius est rattrapé par son coéquipier Delavergne : les deux Terrano roulent ensemble. Le Belge a de la chance, il tombe en panne sèche, 200 m après la ligne d'arrivée.

*I*n this first "loop", the competitors only had two pages of roadbook to follow to get through the El Ghallaouiya pass and only three GPS waypoints were given.
The bike leaders, Sainct and Roma charged toward the heading, taking the wrong track and took themselves out of the running to such an extent that Alfie Cox gained 17 minutes over them in just 330 km (even though he had lost more than ten minutes repairing his chain). This little game of cat and mouse enabled Esteve Pujol to enjoy a second victory in three days. With just 50 m to go to the finish, a stone damaged the cylinder on Roma's BMW.
In the cars, the stage proved difficult for quite a lot of competitors: At 19h30 only around 40 of them had reached the bivouac. Jutta Kleinschmidt drove together with the Portuguese driver Souza up until CP3 and then took a better option and won her first Special of the rally. Jean-Pierre Fontenay and Gilles Picard were encountering problem after problem: a puncture at kilometre 50, another one at kilometre 297, then a huge tuft of camel grass blocked their car completely, as it finished up on its side. Helped

Le PC Course. Race Control.

out by Souza and Polato, they righted the Mitsubishi but finished the Special with neither clutch nor power steering. Masuoka moved into second place overall. De Mevius was caught by his team-mate Delavergne: the two Terranos drove together. The Belgian was lucky because he broke down completely just 200 m after the finishing line.

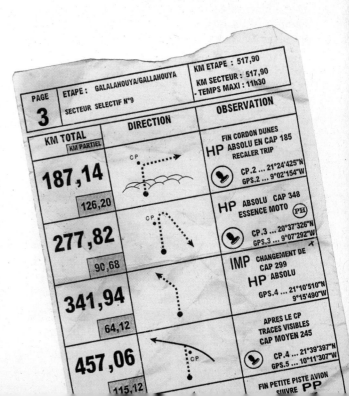

PAGE 3	ETAPE : GALALAHOUYA/GALLAHOUYA SECTEUR SELECTIF N°9		KM ETAPE : 517,90 KM SECTEUR : 517,90 TEMPS MAXI : 11h30
KM TOTAL KM PARTIEL		DIRECTION	OBSERVATION
187,14	126,20	CP	HP FIN CORDON DUNES ABSOLU EN CAP 185 RECALER TRIP • CP.2 ... 21°24'425''N GPS.2 ... 9°02'154''W
277,82	90,68	CP	HP ABSOLU CAP 348 ESSENCE MOTO PH • CP.3 ... 20°37'325''N GPS.3 ... 9°07'292''W
341,94	64,12		IMP CHANGEMENT DE CAP 299 HP ABSOLU GPS.4 ... 21°10'510''N 9°15'490''W
457,06	115,12	CP	APRES LE CP TRACES VISIBLES CAP MOYEN 245 • CP.4 ... 21°39'397''N GPS.5 ... 10°11'307''W FIN PETITE PISTE AVION SUIVRE PP

Mercredi 10 janvier

El Ghallaouiya - Atar

Spéciale : 435,5 km.
Liaison : 5 km.
Total : 440,5 km.

L'étape précédant la journée de repos est traditionnellement difficile, celle-ci ne fait pas exception, entraînant un chamboulement dans toutes les catégories. Dans la catégorie camion, le deuxième Kamaz reste bloqué dans les dunes et le Tatra de Loprais prend la tête du général devant Tchaguine (Kamaz), Sugawara (Hino) et Versino (Hino). En moto, les deux favoris sont hors course : Roma, aveuglé par la poussière, tombe dans un trou et se blesse au genou droit tandis que Sainct casse son moteur et abandonne ! C'est donc Meoni qui passe en tête du général devant Arcarons et Cox qui remporte la spéciale. En auto, Servia se plante dans une dune et perd une heure car il n'arrive plus à remonter le verin. Fontenay perd un écrou de rotule de triangle inférieur avant droit et part en tonneau, heureusement sans dommage corporel. Masuoka gagne la spéciale mais... Schlesser ne digère pas que certains pilotes soient classés devant lui sans l'avoir doublé dans l'étape

Réunion des commissaires sportifs.
Meeting of the sporting committee.

Tente de presse. Press tent.

El Ghallaouiya - El Ghallaouiya. Il en réfère au collège des commissaires qui contrôlent les points GPS des neuf premiers... Les sanctions tombent, mais Schlesser n'est pas épargné ; il prend 10 minutes de pénalité comme Souza, Servia et Fontenay. Kleinschmidt, Delavergne, De Mevius, Henrard et Masuoka prennent 30 minutes mais, heureusement, le sympathique Japonais reste en tête du général. Laurent Bourgnon a retrouvé les grands espaces vierges de Mauritanie avec beaucoup de bonheur : « C'est splendide, émouvant. Le désert est un élément qui me rappelle la mer... Je me sens tout petit ici, à la merci de la moindre vague... » À l'arrivée, un autre bonheur les attend, lui et son ami et coéquipier, « Guitounet » : ils sont accueillis par deux enfants du Musée des Sables.

The stage before the rest day is traditionally tough and this was no exception, causing a hiatus in each of the categories. In the truck category, the second Kamaz remained stuck in the dunes and the Loprais' Tatra took the lead overall ahead of Tchaguine (Kamaz), Sugawara (Hino) and Versino (Hino). In the bikes, the two favourites dropped out of the race: Joan Roma, blinded by the dust, fell into a hole and injured his right knee while

Richard Sainct broke his engine and retired! So Meoni took the lead overall ahead of Arcarons and Cox who won the Special.
In the cars, Servia got stuck on a dune and lost an hour because he could no longer raise the hydraulic jack. Fontenay lost a bolt from the pin in the lower front right wishbone and somersaulted forward luckily without injury to themselves. Masuoka won the Special, but Schlesser was having a hard time accepting that some drivers were ranked ahead of him without having passed him in the El Ghallaouiya loop. He registered a complaint to the marshalls who checked the GPS points on the first nine finishers... The sanctions came thick and fast, but Schlesser himself wasn't spared either; he was given a ten minute penalty along with Souza, Servia and Fontenay. Kleinschmidt, Delavergne, De Mevius, Henrard and Masuoka each received thirty minutes,

Laffite vient rendre visite à son copain Schlesser. Laffite came to visit his friend Schlesser.

but the likeable Japanese driver still remained in overall lead. Laurent Bourgnon was overjoyed to rediscover the wide open spaces of Mauritania: "It's splendid, and moving. The desert always reminds me of the sea, I feel so small here, at the mercy of the smallest wave". At the finish another delight was waiting for him and his friend and team-mate "Guitounet", they were welcomed by two children from the sand museum.

11

Vendredi 12 janvier

Atar-Nouakchott

15

هذا اليوم

كيسترا البارع

المنتخب المغربي في مباراة ودية بالأندلس

يوم الجمعة، ثاني مباراة
ريليفو، والأولى
انية
2

Liaison : 34 km.
Spéciale : 437 km.
Liaison : 37 km.
Total : 508 km.

En moto, les deux favoris se marquent à la culotte mais, à ce jeu-là, Fabrizio Meoni accroît son avance d'une minute sur Arcarons. Profitant de la mollesse d'attaque des « anciens », le Suédois, Lundmark, remporte sa première victoire d'étape devant De Gavardo, toujours aux avant-postes, et Cox.

En auto, la compétition est nettement moins facile. Schlesser, Saby, Masuoka et bien d'autres, par suite d'une erreur de navigation, arrivent dans un erg. Masuoka l'attaque de front et réussissent à passer, gaspillant néanmoins 25 minutes, tandis que Schlesser et Saby rebroussent chemin avec 40 minutes perdues ! À l'arrivée à Nouakchott, les mécaniciens de Mitsubishi doivent refaire le joint de culasse du Pajero de Masuoka dont le moteur a chauffé. Servia remporte la spéciale devant Kleinschmidt et l'étonnant Stéphane Henrard avec son buggy VW « maison ». Au général, Masuoka n'a plus que 12 minutes d'avance sur... Kleinschmidt ! Delavergne félicite son coéquipier, Jacky Dubois, pour sa performance en navigation, l'équipage Nissan termine 6ᵉ. En T1 Marathon, Peterhansel termine 2' 30 devant Magnaldi. Strugo casse une fusée et doit attendre le camion pour réparer, Lartigue abandonne avec

des problèmes de chauffe du moteur et une grave brûlure à la main.

In the bikes, the two favourites remained side by side, but by playing that game, Fabrizio Meoni increased his lead over Arcarons by a minute. Taking advantage of the lacklustre attack by the front-runners, the Swede Lundmark, claimed his first ever Stage win ahead of De Gavardo, still up at the front and Cox.

For the cars, the race was less clear-cut. Schlesser, Saby, Masuoka and many others all made the same navigational error and ended up in an erg. Masuoka took it full on and managed to get through but still wasting 25 minutes, while Schlesser and Saby retraced their steps and lost 40 minutes! Upon arrival in Nouakchott, the Mitsubishi mechanics had to repair the cylinder head gasket on Masuoka's Pajero because the engine was overheating. Servia won the Special ahead of Kleinshmidt and the amazing Stéphane Henrard in his VW "home-made"

buggy. In the overall rankings, Masuoka now only had 12 minutes' advantage over... Kleinschmidt! Delavergne congratulated his team-mate Jacky Dubois for his navigating skills, with the Nissan team finishing sixth. In the T1 marathon, Peterhansel finished 2'30 ahead of Magnaldi. Strugo broke a steering-axle swivel and had to wait for the truck to repair it and Lartigue retired from the race with engine over-heating problems and a serious burn to his hand.

P.G. Lundmark, vainqueur de l'étape. P.G. Lundmark, stage winner.

Étape / Stage 12

Samedi 13 janvier
Nouakchott-Tidjikdja

Liaison : 34 km.
Spéciale : 437 km.
Liaison : 37 km.
Total : 508 km.

Pour les pilotes de moto, cette spéciale n'est pas aisée, mais ils ne rencontrent pas de difficultés majeures. Rien de particulier à signaler au classement général. Arcarons reprend 57 des 60 secondes qu'il avait perdues sur Meoni... Lundmark, vainqueur hier, et Sala tombent en panne d'essence. Tiainen casse son moteur tandis que Cyril Deprés s'offre deux chutes à 30 km de l'arrivée et se classe 4e, alors qu'il aurait pu gagner la spéciale. En auto, le jeu est différent. Masuoka et Maimon s'ensablent deux fois faute de posséder un système de dégonflage, de plus le Japonais, qui a souffert de déshydratation hier, n'a pratiquement pas dormi de la nuit. Souza et Polato, sans faire de bruit, terminent 2e de la spéciale et ne sont plus qu'à 3' 28 des leaders tandis que Schlesser attaque et remporte la spéciale. Les soucis n'épargnent pas Servia qui crève après le CP 2 puis déjante après le CP 3. L'étau se resserre : il n'y a que 47 minutes entre le 1er et le 5e.

This Special was not easy at all for the bikers, but they didn't encounter any major difficulties. There were no particular incidents to report in terms of the overall ranking. Arcarons regained 57 of the

Hubert Auriol, revient à ses premières amours.
Hubert Auriol returns to his first love.

60 seconds he had lost on Meoni... The previous day's winner, Lundmark and Sala both ran out of fuel. Tiainen broke his engine, and Cyril Deprés fell twice just 30 km from the end, finishing fourth, when he could really have won the Special. But

it was another story for the cars. Masuoka and Maimon got stuck in the sand twice since they had no tyre deflating system. In addition, the Japanese driver had suffered from dehydration the previous day and had practically not slept a wink all night. Souza and Polato discreetly finished in second place and were now only 3'28 behind the leaders while Schlesser on the other hand was on the attack and won the Special. Servia's troubles continued with a puncture just after CP2, then rim detachment after CP3. The net was closing in: there were now only 47 minutes between the first and the fifth place.

Étape / Stage 13

Dimanche 14 janvier
Tidjikdja-Tidjikdja

Liaison : 3 km.
Spéciale : 513 km.
Liaison : 19 km.
Total : 535 km.

Tidjikdja-Tidjikdja est « l'étape » du rallye ! Une spéciale qui s'avère très difficile pour les motos et surtout pour les autos qui souffrent dans les dunes couvertes d'herbe à chameau. En moto, Tiainen prend sa revanche, hier son moteur a cassé, aujourd'hui, il remporte la spéciale alors qu'il part en 79e position. C'est la première victoire d'étape du Suédois en cinq Dakar. En auto, pas de changement au classement général. Masuoka et Maimon remportent l'épreuve devant Schlesser/Magne et Souza/Polato. Fontenay et Picard sont retardés par un problème de direction et Saby reste très longtemps arrêté sur la piste pour cause mécanique. Delavergne perd 25 minutes, ensablé dans la passe de Néga et De Mevius crève 4 fois... En T1 Marathon, Stéphane Peterhansel (Nissan) est toujours en tête devant Thierry Magnaldi (Mercedes) qui lui reprend pourtant 20 minutes aujourd'hui. Jipé Strugo a la malchance de casser une transmission et le camion T4 du team GDC est « tanké » dans une saline... Ils arrivent tout de même au petit matin pour prendre le départ. En camion, il faut déplorer l'abandon du deuxième Kamaz qui casse sa boîte de vitesse. La victoire est donc quasiment assurée, sauf incident, au Tatra de Loprais.

Tidjikdja-Tidjikdja was the stage of the rally! It was a stage that proved very difficult for the bikes and especially the cars, that suffered in the dunes from the abundant camel grass. In the bikes, Tiainen took his revenge after the broken engine of the day before, winning the Special having started in 79th place. It was the first Special Stage victory for the Finn in five Dakar entries. In the car category, there was no change in the overall ranking. Masuoka and Maimon won the Stage ahead of Schlesser/Magne and Souza/Polato. Fontenay and Picard were hampered by a steering problem and Saby remained stationary for a long time with a mechanical fault. Delavergne lost 25 minutes, stuck in the sand in the Nega Pass and De Mevius got four punctures... In the T1 Marathon category, Stéphane Peterhansel (Nissan) was still in the lead ahead of Thierry Magnaldi (Mercedes) who still clawed back twenty minutes during the day. Jipé Strugo was unlucky enough to brake the transmission and the T4 GDC truck got stuck in a salt marsh.. but they still managed to get there in time for breakfast and the next start. In the trucks, the second Kamaz was forced to retire with a broken gearbox. So unless anything untoward were to happen, Loprais' Tatra was virtually guaranteed victory.

Étape / Stage 14 — Lundi 15 janvier

Tidjikdja - Tichit

Liaison : 4 km.
Spéciale : 230 km.
Total : 234 km.

Aucun changement n'est signalé en tête de la course moto, Meoni et Arcarons se neutralisant respectivement. Tiainen continue sur sa lancée et s'offre une deuxième victoire consécutive bien que Deacon (BMW), rattrapant le groupe des KTM, pensât bien remporter les lauriers. « Je pensais avoir rejoint tous les pilotes KTM, mais j'avais mal compté, il en manquait un : Tiainen ! s'exclame l'Anglais à l'arrivée . »

En auto, Schlesser reprend 3' 26 à Masuoka, victime d'une crevaison : « Les jantes étaient tellement abîmées, commente le Japonais, qu'on les a laissées sur place ; ça fait du poids en moins. » Schlesser et Magne remportent donc la spéciale de 24 secondes devant Souza et Polato qui ont superbement bien roulé. Bourgnon s'extasie devant les paysages magnifiques et mène la course à son rythme. Avec son Nissan Terrano engagé en T1 Marathon, Peterhansel est 10ᵉ au général. En camion, on ne voit pas ce qui pourrait empêcher Loprais (et son Tatra) de monter sur la plus haute marche du podium à Dakar, il a désormais 6 h d'avance sur le Hino de Sugawara et 9 h sur celui de Versino.

There were no significant changes in the overall ranking, with Meoni and Arcarons cancelling out the other's advantage. Tiainen continued on his winning streak claiming a second consecutive victory, even though Deacon (BMW) having caught the KTM group expected to take the laurels. "I thought I had caught all the KTM riders, but I miscounted, there was one missing and that was Tiainen!", the Englishman lamented at the finish. In the cars, Schlesser clawed back 3'26 on Masuoka, the victim of a puncture. "The rims were so damaged," explained the Japanese driver. "That we just left them there; it meant less weight to carry!" So Schlesser and Magne took the Special, 24 seconds ahead of Souza and Polato who drove superbly. Bourgnon was awestruck by the beautiful scenery and adopted his own race rhythm. Peterhansel was tenth overall with his Nissan Terrano entered in the T1 Marathon category. In the trucks, it seemed there was no stopping Loprais (and his Tatra) taking the top spot on the podium in Dakar; he now had a six hour lead over Sugawara's Hino and a nine-hour advantage over Versino.

Thierry Delavergne (Nissan).

Les frères De Lorenzo. The De Lorenzo brothers.

Étape / Stage 15 — Mardi 16 janvier

Tichit - Néma

Spéciale : 409 km.
Total : 409 km.

Tiainen est le premier à pointer à Néma, tous les autres pilotes KTM – Arcarons, Cox, De Gavardo, Brucy, Esteve Pujol – en attente derrière leur leader, Fabrizio Meoni, arrivent avec presque 43 minutes de retard sur le Finlandais qui s'offre un festival de victoires. Ces consignes d'équipe ne sont pas du goût de Cox qui ronchonne. En auto, on est loin de la course d'équipe pour faire le quinté à Dakar comme chez KTM, ici, c'est la guerre ouverte entre les équipages Schlesser/Magne et Masuoka/Maimon. Schlesser prend le départ 10 minutes devant le pilote Mitsubishi qui remonte comme un fou dans l'herbe à chameau. Les deux hommes passent le CP 2 ensemble puis se livrent une bataille type Grand Prix pendant 60 km. À ce jeu-là, Masuoka ne se laisse pas intimider et passe devant son concurrent. Après avoir crevé à 30 km de l'arrivée, le Japonais a encore plus de 4 minutes d'avance sur Schlesser. « C'était stressant mais maintenant, je pense que c'était génial ! » confie Pascal Maimon à l'arrivée. Derrière, les incidents de parcours s'accumulent aussi : Kleinschmidt reprend quelques minutes à Souza, retardé par un problème de direction, et tente ainsi de lui ravir la 3e place. Fontenay, après deux crevaisons, manque de rester dans une cuvette de fesh-fesh. Henrard perce une durit de turbo de son buggy VW diesel et perd 20 minutes à réparer. Saby casse une jante, Magnaldi roule pendant 500 km sans direction assistée et Pescarolo casse un support moteur...

Tiainen was the first one to arrive in Nema, with all the other KTM riders – Arcarons, Cox, De Gavardo, Brucy, Esteve Pujol – obliged to ride behind their leader Fabrizio Meoni, and thus arriving almost 43 minutes behind the Finn, who now had a host of wins to his name. These team orders were not to the liking of Cox who was in a bad mood.
In the cars, it was a far cry from the teamwork so reflective of the Dakar, that KTM were implementing. It was open warfare between Schlesser, Masuoka and Maimon who were attacking hard. Schlesser started ten minutes ahead of the Mitsubishi driver who came charging back in the camel grass. The two men went through CP2 together and then battled against each other as if in a Grand Prix for 60 km. Masuoka refused to be intimidated and went ahead of his opponent. After getting a puncture 30 km from the finish, The Japanese driver still had a 4 minutes' advantage over Schlesser. "It was stressful, but now I think it was wonderful!", said Pascal Maimon at the finish. There was incident upon incident in the following pack: Kleinschmidt took a few minutes back from Souza, delayed by a steering problem and in the process tried to grab the third spot. After two punctures, Fontenay remained terminally stuck in a fesh-fesh basin. Henrard pierced a turbo hose on his VW diesel buggy and lost 20 minutes repairing it. Saby broke a rim, Magnaldi drove for 500 km without power steering and Pescarolo broke an engine mounting.

Étape
Stage
16

Mercredi 17 janvier

Nema - Bamako

Liaison : 106 km.
Spéciale : 214 km.
Liaison : 456 km.
Total : 776 km.

Le tracé de cette étape dans le Sahel demande une navigation plus pointue que dans le désert en raison des nombreuses pistes parallèles avec peu ou pas de repère où il est facile de se perdre.
En moto, Cox, libéré des consignes, « s'éclate » sur la piste et remporte la spéciale tandis que Tiainen est affaibli par une « tourista ». Au général, rien ne bouge, Meoni et Arcarons sont toujours leaders.
En auto, revirement de situation pour les deux équipages Mitsubishi, Masuoka/Maimon et Shinozuka/Ghallager qui cassent une rotule sans raison apparente. Si l'incident n'est pas trop grave pour Shinozuka – 33e au classement général –, Masuoka frise la catastrophe en perdant plus de 30 minutes sur Schlesser. Mais les dieux sont avec eux : Fontenay, qui roulent derrière, disposent d'une rotule de rechange et les aident à réparer. Demain, l'équipage franco-japonais, toujours en tête au général, partira à la 29e place d'une spéciale où il est peu aisé de doubler. Quel suspense ! La victoire

en spéciale revient à Souza dont le copilote, Jean-Michel Polato, fête son premier scratch ! En camion, le sympathique Patono remporte la spéciale tandis que Loprais – 2e – assure sa victoire au général.

The track in the Sahel required more navigational skills than in the desert due to the numerous parallel tracks with little or no distinguishing feature and it was easy to get lost.
In the bikes, Cox had been liberated from team orders and "blossomed" on the track with a victory in the Special while Tiainen was weakened by a "tourista". In the overall rankings, nothing had changed, Meoni and Arcarons were still leading.
In the cars, there was a sudden reversal of the situation for the Mitsubishi teams of Masuoka/Maimon and Shinozuka/Ghallager who both broke a crank pin with no apparent reason. The incident wasn't too serious for Shinozuka – 33rd position overall – but Masuoka was dicing with disaster losing thirty minutes to Schlesser. But the gods were with them: Fontenay, who was driving behind them, had a reserve pin and helped them to make the repairs. The next day, the Franco-Japanese team – still in the lead overall – would start in 29th position in a Special where overtaking would be ill-advised. What mounting suspense! Victory in the Special went to Souza whose co-driver, Jean-Michel Polato, was celebrating his first win.
In the trucks, the likeable Patono won the Special while Loprais in second place, guaranteed victory overall.

Sala s'arrête pour prendre la photo des Éléphants.
Sala stops to take a photo of the Elephants.

Bamako - Bakel

Liaison : 202 km.
Spéciale : 370 km.
Liaison : 232 km.
Total : 804 km.

En moto, aucun changement au général : Meoni, Arcarons et De Gavardo ne se quittent pas de toute la spéciale. En auto, ça chauffe ! Le véhicule freiné pendant les 50 premiers kilomètres derrière celui d'un concurrent, Pascal Maimon, coéquipier de Masuoka, perd tout espoir. « Je ne regardais même plus les notes du road-book tellement j'étais persuadé que c'était fini pour nous. » Au CP 1, Masuoka a 9' 24 de retard et 10' 17 au CP 2 (km 234) mais ne baisse jamais les bras. Les autres concurrents, avertis et attentifs,

John Deacon (BMW).

laissent passer l'équipage franco-japonais qui remonte au fil des kilomètres et reprend la tête du classement général. « Dans le cassant, par deux fois, je l'ai poussé à attaquer davantage, confie Pascal, car ce n'était pas un terrain pour Schlesser. » Le Mitsubishi a souffert, mais Masuoka arrive 37 secondes derrière Schlesser ! Incroyable ! Ce dernier ne cache pas sa mauvaise humeur et porte réclamation contre Jutta Kleinschmidt qui l'aurait ralenti pendant 200 km... L'Allemande termine tout de même 3e de la spéciale et affirme n'avoir jamais vu le buggy dans sa poussière. Souza et Polato, vainqueurs hier, cassent une transmission et perdent deux heures à attendre le camion d'assistance. Chez Nissan, Delavergne connaît des problèmes de pont arrière et doit lever le pied tandis que Bourgnon et Leneveu ont beaucoup de chance de rallier Bakel, support de boîte cassé et bride d'air détachée, le moteur a mangé du sable... mais ils sont 10e au général.

Pascal Maimon (Mitsubishi).

In the bikes, there was no change overall: Meoni, Arcarons and De Gavardo remained together for the whole of the Special. In the cars, the temperature was rising! With their car slowed for the first 50 kilometres behind another competitor, Pascal Maimon, Masuoka's co-driver, was in despair. "I didn't even look at the road book anymore, because I was convinced it was over for us". At CP1, Masuoka had a 9'24 delay and at CP2 (km 234) 10'17, but he never gives up. The other competitors, attentive and forewarned, let the Franco-Japanese team through and gradually over the kilometres, they retook the lead overall. "In the damaging part, I pushed him to go faster", admitted Pascal. "Because it wasn't Schlesser's type of terrain". The Mitsubishi had suffered, but Masuoka came in 37 seconds behind Schlesser! It was unbelievable. Schlesser didn't bother to hide his ill-humour and protested against Jutta Kleinschmidt who had apparently slowed him down for 200 km. The German girl still finished third in the Special and admitted she had not seen the buggy in the dust. The winners from the day before, Souza and Polato, broke the transmission and wasted two hours waiting for the assistance truck. At Nissan, Delavergne was experiencing rear axle problems and had to slow down while Bourgnon and Leneveu were very lucky to reach Bakel with a broken mounting and a detached air restrictor. The engine had taken in a lot of sand, but they were still tenth overall.

Grégoire de Mevius (Nissan).

Étape
Stage

18

Vendredi 19 janvier

Bakel - Tambacounda

Spéciale : 285 km.
Liaison : 7 km.
Total : 292 km.

Dans cette deuxième étape sénégalaise, les concurrents retrouvent les pistes étroites, encombrées de hautes herbes et d'arbustes. Relativement courte, l'étape Bakel-Tambacounda permet à Cyril Després (BMW) de s'exprimer et de remporter sa première spéciale du Dakar. Sala (KTM), parti en tête grâce à sa victoire de la veille, après une chute où non seulement il perd du temps mais casse son road-book et se blesse à la main droite, coupe la ligne d'arrivée devant le Français. Chez KTM, statu quo puisque les positions sont figées : Meoni file vers la victoire.
En auto, le suspense est grand. En début de spéciale, Schlesser, parti devant, a l'avantage sur Masuoka qui, prudent jusqu'au CP 1, perd un peu de terrain. Le Japonais casse une jante mais, poussé par son

Claudia, responsable logistique chez KTM.
Claudia, logistics manager for KTM.

Patono et son camion ! Patono and his truck!

navigateur et malgré le retard qu'occasionne la réparation, commence une remontée infernale sur le buggy. Masuoka termine la spéciale avec une avance de 1' 37 ! Jamais la course auto n'a été aussi mouvementée et disputée sur le Dakar, un véritable joyau de compétition.

In this second stage in Senegal, the competitors were reunited with narrow tracks hampered by high grass and shrubs. The relatively short stage enabled Cyril Després (BMW) to flourish and to win his first Special of the Dakar. Sala (KTM) who started first after his victory the day before, after a crash where he not only lost time, but also broke

his roadbook and cut open his right hand, then cut across the Frenchman on the finishing line. At KTM it was status quo since the positions were fixed: Meoni was charging towards victory.
There was great suspense in the car category. At the start of the Special, Schlesser, starting first, had the advantage over Masuoka who remained cautious until CP1 even losing some ground. The Japanese driver broke a rim, but encouraged by his navigator and in spite of the delay caused by the repairs, began a tremendous comeback on the buggy. Masuoka finished the Special with a lead of 1'37! The car race had never been so close and so hotly disputed on the Dakar.

La tente Fidélia. The Fidélia tent.

19

Tambacounda-Dakar

Liaison : 107 km.
Spéciale : 217 km.
Liaison : 240 km.
Total : 564 km.

Chez KTM, en moto, l'esprit d'équipe est omniprésent et Meoni se rapproche du rêve de sa vie : la victoire à Dakar ! Sala remporte la spéciale devant Deprés qui a beaucoup appris sur ce rallye, Lewis et le « Bon Samaritain », Jean Brucy.
Dans la catégorie auto, c'est une journée inhabituelle et mouvementée qui s'annonce : Schlesser et Servia se présentent au départ de la spéciale devant Masuoka alors qu'ils devraient partir derrière. Servia se fait rapidement rejoindre par Schlesser

Johnny Campbell, premier amateur.
Johnny Campbell, top amateur.

qui le dépasse. Quand à Masuoka, il rattrape le pilote espagnol et se retrouve derrière lui. Seul moyen de le dépasser : s'écarter de la piste en hors-piste. Dans la manœuvre il ne peut éviter

une souche et casse la rotule du bras de direction de sa roue arrière gauche. Contraint de s'arrêter pour tenter une réparation, il perd beaucoup de temps et du même coup la tête du classement général. Le soir le Collège des Commissaires se réunit et la sanction tombe à 22 h 30 : Schlesser et Servia sont pénalisés d'une heure pour ne pas avoir pris le départ à l'heure et au rang qui leur ont été attribués.(*)
Jutta Kleinschmidt est maintenant en tête et il ne lui reste plus que 20 km de spéciale pour concrétiser son rêve. Dans le team Nissan Dessoude, Bourgnon et Leneveu, desservis par la mécanique – l'embrayage, la direction assistée et les freins lâchent –, terminent la spéciale à la très belle 7e place. Delavergne et Dubois, ne pouvant éviter une saignée qui les envoie « cul par-dessus tête », s'en sortent heureusement indemnes et peuvent rejoindre l'arrivée mais perdent deux places au général. En T1 Marathon, Magnaldi (Mercedes) remporte à nouveau la spéciale devant Lhotellerie (Mitsubishi) et Peterhansel (Nissan). Ce soir, tout le monde loge à Dakar et l'assistance se fait sur le parking de l'hôtel Méridien.

(*) Schlesser a fait appel auprès du Tribunal International de la FIA. Le 6 mars 2001, le verdict a été rendu et Schlesser débouté.

At KTM in the bikes, the team spirit was omnipresent and Meoni was nearing the fulfilment of a lifelong ambition: victory in the Dakar! Sala won the Special ahead of Deprés who has learnt a lot on this rally, Lewis and "Good Samaritan" Jean Brucy.
In the car category, it was an unsual and action-packed day: Schlesser and Servia took their place at the start of the Special ahead of Masuoka, when they should have started behind. Servia was soon caught by Schlesser who went past. As for Masuoka, he too soon joined the Spaniard and found himself stuck behind. There was only one way to get by: go off-track. During his manœuvre he hit a stump and broke the steering arm bolt on his rear left wheel. This forced him to stop to try and make

repairs and he lost a lot of time as well as his position at the top of the rankings. In the evening the race officials met together and the verdict came at 22 h 30: Schlesser and Servia were given an hour's penalty for not having started in the correct order (*) or at the correct time. Jutta Kleinschmidt was now in the lead and she was within 20km of fulfilling her dream.
In the Nissan Dessoude team, Bourgnon and Leneveu, let down by mechanical weakness – clutch, power steering and brakes all gave up the ghost – still finished the Special in a very fine seventh place. Delavergne and Dubois could not avoid a hole that sent them somersaulting over, miraculously escaped and could continue to the finish just losing two positions overall. In the T1 Marathon, Magnaldi and Borsotto (Mercedes) once again won the Special ahead of Lhotellerie (Mitsubishi) and Peterhansel (Nissan). In the evening everyone was staying in Dakar and the assistance park was located in the car park of the Hotel Meridien.

(*) Schlesser appealed to the FIA International Tribunal. On 6 March 2001, the verdict was given refusing Schlesser's appeal.

Dimanche 21 janvier

Dakar-Dakar

Liaison : 35 km.
Spéciale : 25 km.
Liaison : 35 km.
Total : 95 km.

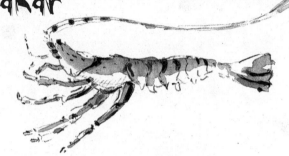

Les concurrents quittent l'hôtel Méridien, en liaison, pour se rendre au lac Rose d'où est donné le départ de la dernière spéciale du rallye – longue de 25 km. Cette petite spéciale spectacle ne crée aucune surprise : à quarante-trois ans, Fabrizio Meoni remporte sa première victoire – bien méritée – sur le Dakar et offre à KTM une belle revanche sur ces dernières années. « Le désert est orange » clame l'inscription du tee-shirt que tous les membres du team arborent à l'arrivée. Sur le podium, cinq pilotes KTM aux cinq premières places : Meoni, Arcarons, De Gavardo, Esteve Pujol et Cox ! Premier des BMW, Deacon termine 6e devant son coéquipier, Jimmy Lewis. Le premier amateur, Johnny Campbell, est 8e tandis que la victoire en Marathon revient au Portugais, Bernardo Viillar (KTM) et celle des moins de 400cc à Joachim Gouveia (Honda). Andrea Mayer, toujours aussi étonnante,

remporte la catégorie féminine au guidon de sa très lourde BMW !
En auto, rien n'est encore joué… La bataille acharnée entre les trois protagonistes : Schlesser, Masuoka et Kleinschmidt, qui a tenu tout le rallye en haleine jusqu'au dernier moment n'est pas encore terminée. Après les 20 km de spéciale autour du Lac Rose, le team Schlesser s'offre un doublé devant les trois pilotes Mitsubishi : Sousa, Masuoka et Kleinschmidt. Mais c'est la Mitsubishi rouge n° 205 de l'Allemande Jutta Kleinschmidt qui accède à la plus haute marche du podium à Dakar devant le Japonais Hiroshi Masuoka et le Français Jean-Louis Schlesser. Stéphane Peterhansel aura encore étonné par ses capacités d'adaptation. Six fois vainqueur en moto, 2e avec la Mega, il remporte le T1 Marathon au volant d'un Nissan Terrano, en compagnie de son navigateur, Willy Alcaraz, devançant son ancien coéquipier chez Yamaha, Thierry Magnaldi, et François Borsotto. En camion, Loprais (Tatra) réitère son exploit devant Sugawara (Hino) et Juventeny (Mercedes).

La famille De Gavardo et leur fidèle Roberto. The De Gavardo family and their faithful Roberto.

The competitors started from the Hotel Meridien on the Liaison for the Pink Lake where the start of the last Special of the rally – just 25 km long – would take place. This little Special just for show created no surprises: at forty three years old, Fabrizio Meoni won his first ever victory in the Dakar and deservedly so, giving KTM a fine revenge over previous years. "The desert is orange" proclaimed the T-shirts that all the team members were wearing at the finish. On the podium, there were five KTM riders in the top five positions: Meoni, Arcarons, De Gavardo, Esteve Pujol and Cox! The first BMW was John Deacon in sixth place ahead

of his team-mate Jimmy Lewis. The first amateur, Johnny Campbell was eighth while victory in the Marathon category went to Portuguese rider Bernardo Villar (KTM) and that of under 400cc to Joachim Gouveia (Honda). Andrea Mayer, always so astonishing, took the women's category with her very heavy BMW!
In the cars, it was still far from over. The fierce battle that had raged for the whole rally between the top three contenders Schlesser, Masuoka and Kleinschmidt continued until the very last moment. After 20 km of the Special round the Pink Lake, Schlesser's team scored a one-two ahead of the three Mitsubishi drivers of Sousa, Masuoka and Kleinschmidt. But it was the red Mitsubishi

Masuoka, Maimon, Fontenay et Picard… l'esprit d'équipe chez Mitsu ! Masuoka, Maimon, Fontenay and Picard… team spirit at Mitsu!

n° 205 driven by the German Jutta Kleinschmidt that mounted the Dakar podium in first position ahead of Japanese driver Hiroshi Masuoka and Frenchman Jean-Louis Schlesser.
Stéphane Peterhansel once again surprised everyone with his powers to adapt to four wheels. Six times a winner on a bike, second with the Mega, he won the T1 Marathon category at the wheel of a Nissan Terrano, acompanied by his navigator Willy Alcaraz and ahead of former Yamaha team-mate Thierry Magnaldi and François Borsotto. In the trucks, Loprais (Tatra) repeated his feat ahead of Sugawara (Hino) and Juventeny (Mercedes).

Toujours aussi superbe, le buggy Schlesser de Servia et Lurquin aura son rôle à jouer dans cette 23ᵉ édition du Dakar. Always so attractive, Servia and Lurquin's Schlesser buggy would have a role to play in this 23rd edition of the Dakar.

Belle 16° position au général pour Plaza-Perez et son pick-up Nissan. A fine
16th place overall for Plaza-Perez and his Nissan pick-up truck.

Andrea Mayer remportera,
cette année encore,
la catégorie féminine.
Bravo ! Andrea Mayer would
once again win the female
category this year. Well
done !

Le Dakar s'arrête à Ouarzazate pour Jurgen Mayer qui se casse la clavicule. The Dakar finished in Ouarzazate for Jurgen Mayer who broke his collarbone.

Le Kamaz de Kabirov roule dans le sillage de Tchaguine, son chef de file. Kabirov's Kamaz was running in second position, closely behind Tchaguine his team boss.

Ça attaque chez les papys ! Sibellas et Vieilly, les mascottes du team Mitsubishi en pleine action ! The old-timers can really shift! Sibellas and Vieilly, the mascots for the Mitsubishi team in full swing!

Seul Slovène à courir le Dakar,
Miran Stanovnik termine 21° avec
son Husqvarna. The only Slovenian
competing in the Dakar, Miran
Stanovnik finished 21st with his
Husqvarna.

L'expérience paye. Fabrizio Meoni attend son heure... Experience
will win in the end. Fabrizio Meoni bides his time.

Nani Roma remporte la spéciale, il est le pilote
Nº1 de l'usine BMW. Nani Roma won the Special,
he's the major player for the BMW factory team.

Souza n'est pas le dernier à attaquer, navigué par Jean-Michel Polato, il est un des atouts de Mitsubishi. Souza is never slow in coming forward, with Jean-Michel Polato as navigator, he was one of Mitsubishi's key hopes.

À leur rythme, les Espagnols Monterde et Cruz arriveront 21° à Dakar avec leur Nissan préparé par Technosport. At their own pace, the Spaniards Monterde and Cruz would finish 21st in Dakar with their Nissan prepared by Technosport.

Magnifique spéciale de Delavergne et Dubois qui bouclent à la 4° place, à moins de 4' du vainqueur, Servia. A brilliant performance in the Special from Delavergne and Dubois finishing in 4th position, less then 4' behind the winner Servia.

Pas facile ce Dakar pour le Belge Deprez qui arrive à
Goulimine en 120° position... Not an easy Dakar for Belgian
Deprez who arrived in Goulimine in 120th place.

Bourgnon et son fidèle Guitounet ménagent leur monture en début de course, le but est d'arriver et... bien classé ! Bourgnon and his faithful Guitounet looked after their steed at the beginnin of the race with the aim of reaching the finish in a good position.

Loin au classement général, Lora Lamia et Di Persio n'ont plus qu'un objectif : arriver à Dakar. Way down in the overall rankings, Lora Lamia and Di Persio were now just aiming to get to Dakar.

Avec son ML 430 bien adapté au terrain marocain, le Français Magnaldi est en tête du T1 Marathon. Magnaldi's ML 430 is well suited to the Moroccon terrain - the Frenchman was in the lead of the T1 Marathon class.

Cette année, Miguel Prieto a choisi de partir avec un Mitsubishi diesel. This year, Miguel Prieto chose to compete in a Mitsubishi Diesel.

L'équipage de choc, Derumigny et Morize, est 16ᵉ au général. Surprise pairing Derumigny and Morize were in 16th place overall.

L'équipage belge, Vanierschot et Bulens, ne sera malheureusement pas au départ de la 6ᵉ étape. The Belgian team of Vanierschot and Bulens, would unfortunately be missing from the start of the sixth stage.

2e au général ce matin, Tiainen est trahi par sa mécanique, ce qui ne l'empêchera pas de remporter une spéciale plus tard. 2nd overall in the morning, Tiainen was let down by mechanical problems, but it didn't stop him from winning a Special later on.

Goulimine-Smara

Piroud porte le n° 23, termine
23° de la spéciale et se classe
23° au général ! Piroud was
racing with number 23, finished
23rd in the Special and was
ranked 23rd overall!

Frédéric Moncassin (n°122) a délaissé le vélo pour
la moto et découvre le Dakar. Frédéric Moncassin
(N° 122) had abandoned his bicycle for a motorbike
and was discovering the Dakar for the first time.

Le Tchèque Machacek est le seul à
rallier l'arrivée en quad. Czech Machacek
was the only quad to reach the finish.

Malgré un changement de batterie et une crevaison, Fontenay et Picard terminent 2 secondes devant Schlesser ! In spite of changing the battery and a puncture, Fontenay and Picard finished two seconds ahead of Schlesser.

Morize et Dronne, un équipage soudé
dans la bonne humeur ! Morize and
Dronne, a team bound together by a
sense of humour.

Fidèle du rallye, Sugawara place son Hino
2ᵉ à Dakar. One of the Dakar
faithful, Sugawara took his Hino
to second place overall.

En ce début de course,
Sainct, double vainqueur du
Dakar est en tête mais...
At the start of the race,
two times winner Sainct was
in the lead, but ...

Coup de chapeau à Elisabetta
Jacinto pour son courage et
sa ténacité. Hats off to
Elisabetta Jacinto
for her bravery and her
determination.

Roma et Sainct au coude à coude sur
la piste caillouteuse, derrière Meoni !
Roma and Sainct side by side in the
stones, behind Meoni!

Au service des concurrents avec le montage des pneumatiques, EUROMASTER, en collaboration avec Fidélia, s'est mis également au service de l'Afrique grâce à l'opération " Roses des Sables " en distribuant des vêtements, des médicaments et des fournitures scolaires. Already providing a service to competitors – mounting the tyres – Euromaster, has also collaborated with Fidelia in offering a service to Africa via the operation " Roses of the Sand " by distributing clothing, medicine and school equipment.

Volant moteur cassé, Alphand et Debron arrivent tard à El Ghallaouiya et sont contraints d'abandonner... Vraiment dommage ! Alphand and Debron got to El Ghallaouiya late with a broken engine and were forced to retire ... It was a real shame!

À mi-course, l'Américain Skilton et
son KIA sont classés 15ᵉ au général.
At mid-race, American Skilton and
his KIA were ranked 15th overall.

Les gentlemen drivers en camion :
Barilla, Marzotto et Ravarotto.
Gentlemen drivers in the trucks
category: Barilla, Marzotto
and Ravarotto.

L'Espagnol Alvarez
ira jusqu'à
Nouakchott au
guidon de son quad.
Spaniard Alvarez
will go to
Nouakchott astride
his quad.

Shinozuka et Gallagher
ont des problèmes
mécaniques dans la
boucle d'El Ghallaouiya
et sont désormais loin
dans le classement.
Shinozuka and Gallagher
experienced mechanical
problems in the
El Ghallouiya loop
and were way down
in the rankings.

Hiroshi Masuoka et Pascal Maimon, une équipe gagnante ! Hiroshi Masuoka and Pascal Maimon, a winning team!

Fidèles du Dakar depuis de longues années, Gianni Lora Lamia et Roberto Di Persio sont les premiers Italiens du classement. Dakar regulars for many a year, Gianni Lora Lamia and Roberto Di Persio were the first Italians to be ranked.

Belle attaque de Philippe Wambergue que, malheureusement, dame chance a quelque peu boudé cette année ! A fine performance from Philippe Wambergue whom Lady Luck had somewhat deserted on this Dakar.

Le Man assure l'assistance en course des pilotes KTM. The Man brings assistance to the KTM riders.

Servia traverse la zone du " mur " qui sépare la Mauritanie de l'ex-Sahara espagnol. Servia crosses the "wall" zone separating Mauritania from the former Spanish Sahara.

L'Américain Leduc a une bonne expérience du Sahara, il mènera son KIA jusqu'à Dakar ! The American Leduc has solid experience of the Sahara and would bring his KIA to Dakar!

Lartigue et Bocande se sont engagés en T1 Marathon, cette année, au volant d'un ML 430. Lartigue and Bocande were entered in the T1 Marathon category this year at the wheel of an ML 430.

À 65 ans, Ritsuko Noshiro remporte le prix du courage... et son navigateur, Rodolphe Roucourt, la pelle d'or ! At 65, Ritsuko Noshiro won the prize for courage... and her navigator Rodolphe Roucourt, the golden shovel!

Dernier Kamaz en course, Tchaguine est 2ᵉ mais à plus d'une heure du Tatra de Loprais. The last Kamaz in the race, Tchaguine was in 2nd place more than an hour behind Loprais' Tatra.

Dupuy-Gardel, Antoniolli et Crespo assurent l'assistance sur la piste du team Groine. Dupuy-Gardel, Antoniolli and Crespo provided rapid assistance for Groine.

Les Italiens, Calzi, Langella et Fossa enlèvent une très honorable 8° place avec leur Mercedes. Italians, Calzi, Langella and Fossa finished in a very creditable 8th place with their Mercedes.

Cyril Deprés s'en sort plutôt bien pour un premier Dakar avec une victoire en spéciale et la 13°
place au classement général. A first Dakar for Cyril Deprés who acquitted himself very well,
finishing 13th and winning a Special in the process.

Course mitigée pour
Hanciaux, contraint à
l'abandon après
Nouakchott. Dakar out of
the question for
Hanciaux, forced to
retire after Nouakchott.

Chaud devant
pour
Lhotellerie
qui se fait
rattraper par
les camions.
The action hots
up for
Lhotellerie
who got caught
by the trucks.

Jutta Kleinschmidt roule quelque temps bord à bord avec Souza, mais prend une option plus rapide et le coiffe au poteau. For a time Jutta Kleinschmidt drove side by side with Souza, but took a quicker option and pipped him at the post.

Après bien des mésaventures, Cerutti et Gattino rallieront Dakar, ce qui vaut bien une victoire ! After much misfortune, Cerutti and Gattino would reach Dakar, a victory in itself!

À Dakar, John Deacon sera le premier pilote BMW derrière
les cinq KTM. John Deacon was the first BMW rider behind
the five KTM finishers.

9° au général, François Flick fait
une très belle course, malheureusement
ce sera sa dernière étape. 9th overall,
François Flick was racing a fine
rally... unfortunately this would
be his last stage.

Course terminée pour Sainct qui a cassé son moteur et abandonne
sans attendre son assistance. It was over for Sainct who broke his
engine and retired without waiting for his assistance team.

Pour la quatrième
année consécutive,
Loprais emmène son
Tatra sur la
première marche
du podium.
For the fourth
successive year,
Loprais drove his
Tatra to the top
step of the podium.

3ᵉ en arrivant en
Mauritanie, De Azevedo a
pris 20 h de pénalité dans
la boucle et se retrouve
désormais loin au
classement. 3rd upon
arrival in Mauritania,
De Azevedo got a 20 hour
penalty in the loop and
found himself way down
in the rankings.

C'est à dos de chameau que Cédric apporte à Lansac et Jacqmard une nouvelle boîte de transfert... Des souvenirs pour leurs vieux jours ! Cedric brought Lansac and Jacqmard a new transfer box astride a camel. Memories for their old age!

Superbe attaque de Peterhansel qui a gagné six fois en moto, s'est classé 2° avec la Méga, et cette année relève le défi du T1 Marathon. A fine assault from Peterhansel who after winning six times on a bike and finishing second with a Mega, took up the challenge of the T1 Marathon class.

Année malchanceuse pour Erick Farges qui n'arrivera pas chez lui,
à Dakar, au guidon de sa KTM... Unfortunately this year, Erick
Farges would not reach his house in Dakar astride his KTM.

La course est loin d'être terminée,
Servia perd les commandes de la
course au profit de Masuoka, mais
Schlesser remonte à la 2° place !
The race was far from over,
Servia lost control of the race
to Masuoka, but Schlesser had
come back into second place!

Journée longue et éprouvante pour Fontenay et Picard qui attaquent dans les parties rapides et terminent la spéciale en 3ᵉ position. A long and taxing day for Fontenay and Picard who took advantage of the fast sections to finish the Special in 3rd place.

Alfie Cox tire assez bien son épingle du jeu de cette spéciale difficile et perturbée par un vent
de sable, il termine 5°. Alfie Cox acquitted himself fairly well in this difficult Special that was
hampered by a sand storm, he would finish 5th.

Schlesser attaque très fort sur un terrain favorable à son buggy
et remonte en 4ᵉ position au général. Schlesser was on the offensive
on this terrain so favourable to his buggy and moved into 4th place overall.

Le chanteur belge, Koen Wauters, est désormais un habitué du Dakar.
Belgian singer Koen Wauters is now a Dakar regular.

Magnaldi et Borsotto s'élancent à l'assaut des dunes et confortent leur 2° place en T1 Marathon. Magnaldi and Borsotto launched an attack on the dunes and preserved their second place in the T1 Marathon category.

De Gavardo s'acquitte d'une course exceptionnelle pour un
pilote privé, en terminant 3°... Sur les traces de Meoni ?
De Gavardo completed an extraordinary Dakar for a
privateer, finishing 3rd... following in Meoni's footsteps?

Journée laborieuse pour Grégoire de Mevius qui fait une bonne partie de la spéciale en deux roues motrices, mais sera 8° à Dakar ! A difficult day for Gregoire de Mevius who covered a fair proportion of the Special with just two steered wheels, but he would finish 8th in Dakar.

Smulevici dit " la smoule ", un inconditionnel du Dakar depuis la nuit des temps, est 29° de la boucle infernale. Smulevici known as "Smoule", a Dakar regular since time began finished the formidable loop in 29th place.

Stéphane Henrard fait des prouesses avec son buggy VW et se classe 6ᵉ de la spéciale la plus dure du rallye. Stéphane Henrard worked wonders with his VW buggy and finished 6th in the hardest Special of the Dakar.

Contraste à Tichit où le Nissan de Lora Lamia côtoie une caravane de chameaux.
Contrast at Tichit where Lora Lamia's Nissan drove alongside a caravan of camels.

Isidre Esteve Pujol est une des révélations de cette année, il gagne
deux spéciales et termine 2° à Néma ! Isidre Esteve Pujol is
on of the revelations of this Dakar, he won two Specials
and finished 2nd in Nema!

Rivière et Fourticq ont subi de nombreuses galères, mais, tenaces, ils seront à Dakar ! Rivière and Fourticq encountered numerous misadventures but would reach Dakar with determination.

Souza et Polato ont encore une chance de monter sur le podium, à Néma, ils sont 3° au général... Souza and Polato still had a chance of finishing on the podium in Nema with a third place overall.

Meoni a su gérer sa course en grand pilote,
il est récompensé de ses efforts et file
comme un diable vers la victoire ! Meoni
managed his race with great maturity,
he was rewarded for his sacrifices and
charged like a rocket towards victory!

Nema-Bamako

Bernard Anquetil a pris le départ avec son vieux copain Loulou Arguelles, un duo fondé sur l'amitié et le plaisir de rouler ensemble !
Bernard Anquetil set off with old friend Loulou Arguelles, a pairing based on friendship and the pleasure of driving together!

Beau Dakar cette année pour Patrick Sireyjol qui termine 11° du scratch !
A fine Dakar this year for Patrick Sireyjol finishing 11th overall.

Salinero et Cervantes, la Guardia Civil espagnole est bien représentée sur le Dakar ! Salinero and Cervantes, the Spanish Guardia Civil is well represented at the Dakar!

L'Américain, Johnny Campbell, découvre l'épreuve africaine, mais termine 8ᵉ à Dakar, premier pilote privé ! American Johnny Campbell was participating in the African race for the first time, but finished 8th in Dakar, the top privateer!

Éric Gallant se fait voler sa balise par des gamins dans les dunes et réussit à la " racheter " pour 100 F... Eric Gallant had his beacon stolen by kids in the dunes but he was able to "buy it back" for 100FF, phew!

Mission accomplie pour Bourgnon et Leneveu : ils sont 10° au général, une belle performance !
Mission accomplished for Bourgnon and Leneveu: 10th overall and a fine performance!

Éric Vigouroux participe pour la première fois au rallye en Protruck, une sacrée aventure pour cet ancien motard ! Eric Vigouroux was taking part in the Dakar for the first time in a protruck, a wonderful adventure for this former biker!

19° au général, les deux compères Housieaux et Dominella voient avec plaisir Dakar se profiler à l'horizon. 19th overall, team-mates Housieaux and Dominella were delighted to see Dakar on the horizon.

Porteur d'eau chez KTM, Jean Brucy s'est taillé une solide réputation de " Bon Samaritain " ! Water carrier for KTM, Jean Brucy earned himself a solid reputation as the "Good Samaritan".

Jo Sala a reçu carte blanche aujourd'hui et remporte la spéciale de Bakel ! Jo Sala had carte blanche today and won the Bakel Special!

Philippe Bermudes n'en revient pas, il va enfin atteindre Dakar en moto !
Une vénérable victoire ! Philippe Bermudes couldn't believe it, he would
finally reach Dakar by bike! An amazing feat!

Jordi Arcarons voit une fois de plus la réussite lui échapper mais bravo pour son esprit d'équipe ! Jordi Arcarons once again missed out on victory, but well done to him for his team spirit!

Guinot et Kroiss ont délaissé le T1 Marathon pour un Terrano
T3 et arrivent à Dakar à la très honorable 11ᵉ place ! Guinot
and Kroiss had abandoned the T1 Marathon category for a
Terrano T3 and reached Dakar in a creditable 11th position.

Ratet termine 1ᵉʳ de la catégorie des T1 Marathon
diesel avec Toyota qui fête son 50ᵉ anniversaire. Ratet
finished first in the T1 Marathon Diesel category
with Toyota who were celebrating the 50th anniversary
of their Land Cruiser.

Jutta Kleinschmidt sera récompensée de sa régularité.
Elle sera la reine de ce Dakar, la première femme à
gagner l'épreuve. Jutta Kleinschmidt was rewarded
for her consistency. She would be the Queen
of the Dakar, the first woman to win the race.

Jutta Kleinschmidt offre à Michelin la première victoire féminine au Dakar. Jutta Kleinschmidt gave Michelin the first female victory at the Dakar.

Grâce aux pneus Michelin bib-mousse, Meoni voit ses efforts couronnés de succès. Thanks to the Michelin bib-mousse, Meoni's efforts were crowned with success.

Loprais, Kalina et Hamerla, vainqueurs en camion (Tatra). Loprais, Kalina and Harmerla, winners in the truck category (Tatra).

Merveilleux
podium pour
KTM : Meoni,
Arcarons,
De Gavardo,
Esteve Pujol
et Cox !
Marvellous
podium for
KTM: Meoni,
Arcarons,
De Gavardo,
Esteve Pujol
and Cox!

John Deacon, 6ᵉ et premier pilote
BMW ! John Deacon in sixth place
and the first BMW rider.

Jutta Kleinschmidt (Mitsubishi), première femme à remporter le Dakar et son navigateur, Andrea Schultz. Jutta Kleinschmidt (Mitsubishi), the first woman to win the Dakar and her navigator Andrea Schultz.

Bernardo Villar (KTM), vainqueur en Marathon. Bernardo Villar (KTM), winner of the Marathon category.

Calzi, Langella
et Fossa ont
emmené leur
Mercedes jusqu'à
l'arrivée ! Calzi,
Langella and
Fossa brought
their Mercedes
to the finish.

Loprais, Kalina
et Hameria (Tatra)
vainqueurs en
camion pour la 4°
fois consécutive.
Loprais, Kalina
and Hameria (Tatra)
winners in the
truck category
for the fourth
consecutive time.

L'équipe Schlesser :
Lurquin, Magne, Schlesser
et Servia. The Schlesser
team: Lurquin, Magne,
Schlesser and Servia.

Masuoka et Maimon
(Mitsubishi),
2° au scratch. Masuoka
and Maimon (Mitsubishi),
2nd overall.

Pichlbauer, Reif et Roth (KTM) finissent
3° en camion. Pichlbauer, Reif and Roth
(KTM) finished 3rd in the truck category.

Bourgnon et Leneveu (Nissan), mission remplie, ils sont
à Dakar et dans les 10 premiers (9°). Bourgnon and
Leneveu (Nissan) - mission accomplished, they reached
Dakar and in the top ten.

Leduc et
Tornabell (KIA)
ont rallié
Dakar ! Leduc
and Tornabell
(KIA) reached
Dakar!.

Magnaldi et Borsotto (Mercedes), 2° en T1
Marathon. Magnaldi and Borsotto (Mercedes),
2nd in the T1 Marathon.

Peterhansel et Alcaraz (Nissan), vainqueurs de la catégorie T1 Marathon.
Peterhansel and Alcaraz (Nissan), winners of the T1 Marathon category.

Salinero et Cervantes (Nissan), la Guardia Civil à Dakar ! Salinero and Cervantes (Nissan), the Guardia Civil in Dakar!

Lora Lamia et Di Persio (Nissan), seuls Italiens à Dakar ! Lora Lamia and Di Persio (Nissan), the only Italians to reach Dakar.

Carlos Souza (Mitsubishi) – El Ghallaouiya.

La joie, les pleurs, la peur, les casses, la frayeur, la colère, le rire, la douleur, la solitude, le bonheur... Le Dakar est une suite d'émotions que l'on retrouve dans les plus belles images. No comment.

The joy, the tears, the fear, the breakdowns, the scares, the anger, the laughter, the pain, the loneliness, the happiness... The Dakar is a series of emotions that are translated through the finest photos. No comment.

Nicolas Boyer (Honda) Nador-Ouarzazate.

Emotions

Massimo Tresoldi (Suzuki) - Nador-Ouarzazate.

Strugo/Larroque (Mercedes)
Nador-Ouarzazate.

Joan Roma (BMW) El Ghallaouiya - Atar.

Nicolas Boyer (Honda) - Smara-El Ghallaouiya.

Pescarolo/De Liedekerke (Nissan) - El Ghallaouiya-Atar

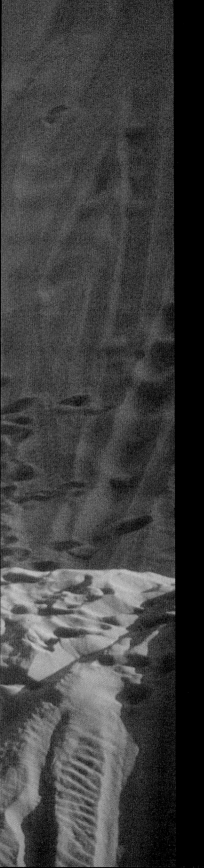

Quandt/Tiefenbach (Mitsubishi) - Smara-El Ghallaouiya.

Pierrick Bonnet (KTM)
Bakel-Bamako

Rakitiansky/Khatchatourian
(Mitsubishi) - Bakel-Bamako

Saby/Delli Zotti (Ford) - Bamako-Bakel.

Hiroshi Matsuoka (Mitsubishi) — Bakel.
Pascal Maimon (Mitsubishi) — Bamako.

Andrea Mayer (BMW) - Bamako.

Alfie Cox (KTM) - Bakel.

PG. Lundmark (KTM) - Dakar.

Marcello Muratori
(Honda) - Bakel.

Cyril Després
(BMW) - Bakel.

Philippe Bermudes (KTM) - Bakel.

Fabrizio Meoni (KTM) - Dakar arrivée/at the finish.

" L'Afrique...

L'Afrique noire, c'est certainement l'endroit du monde où il y a le plus de sourires au mètre carré, où le stress est un mot qui n'existe pas, où les voitures ont une âme (la preuve, elles ne meurent jamais !), où le troc fait partie de la vie courante, où être vieux n'est pas péjoratif mais synonyme de savoir et de sagesse, où les enfants fabriquent leurs jouets et jouent au foot avec des boîtes de conserve, où les femmes travaillent plus dur que les hommes, où les uniformes représentent la réussite sociale, où rien n'est jamais définitif, mais tout se négocie au jour le jour. C'est tout simplement l'endroit où le bonheur retrouve ses vraies racines : vivre pour vivre.
J'aime définitivement cette Afrique-là. "

Jean-Pierre Fontenay. Extrait de la bande dessinée Calagan, (Éd. Vents d'Ouest).

"Africa...

Black Africa is definitely the place in the world where you will find the most smiling faces per square metre, where the word stress has no meaning, where each car has a soul, (the proof, they never die!), where bartering is part of daily life, where being old is not perjorative because it's a sign of wisdom and knowledge, where children make their own toys and play football with old tin cans, where the women work harder than the men, where uniforms represent social success, where nothing is ever final, but everything is negotiated from day to day. It's quite simply the place where happiness finds its real meaning: living for the sake of living. That's the Africa I love unconditionally".

Jean-Pierre Fontenay. Extract from the animated cartoon Calagan
(Ed.Vents d'Ouest).

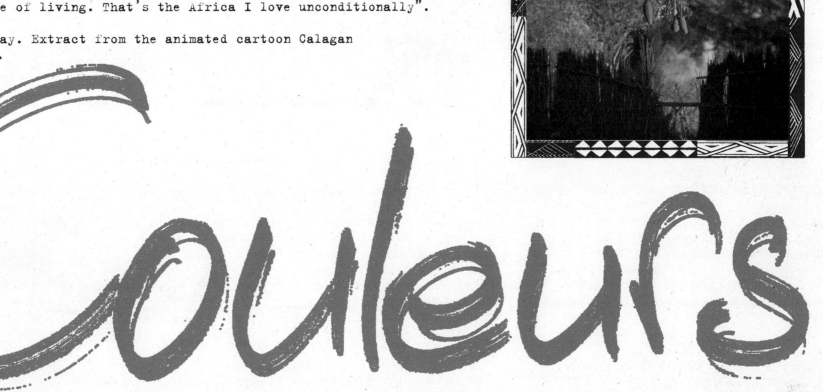

Couleurs

Maroc

Merveilleux Maroc dont les paysages, variés et contrastés, sont parmi les plus beaux du monde. Mers, montagnes, oueds, plateaux rocheux, vallées encastrées, oasis et, au sud, le mystérieux Sahara qui attire, telle une sirène, tous les concurrents du Dakar. Le long des pistes, se profilent ksars et casbahs en pisé perchés sur le flanc des collines, sentinelles d'un autre âge. Sur les tours de ces demeures ancestrales nichent, au printemps, des familles de cigognes, signe de chance et de prospérité pour les habitants du village. Si la ville de Ouarzazate – dont le nom berbère signifie « pas de bruit » – a perdu de son charme d'antan, elle est le départ de nombreuses excursions magnifiques aux alentours. Au confluent des oueds du Dra et du Dadès, située sur un plateau à une altitude de 1 160 m, cette ancienne ville de garnison fut construite en 1928 par un colonel de la légion qui aurait bien du mal, aujourd'hui, à reconnaître son œuvre. On a peu de temps pour faire du tourisme sur le rallye et il faut ne pas trop s'éloigner du bivouac, toujours situé sur l'aéroport. Je négocie donc avec Ahmed, le chauffeur de taxi pour qu'il m'emmène, à un prix raisonnable, au Ksar de Aït Benhaddou, joyau d'architecture situé à environ 30 km. Pour y accéder, on traverse à gué un oued dont le lit est quasiment asséché en cette saison. Le plaisir de se balader dans les ruelles de l'ancien village fortifié n'a d'égal que la quiétude du lieu où l'on entend une source couler et les oiseaux piailler dans les palmiers. Un vrai moment de bonheur que je partage, le temps d'une discussion sur Tennessee Williams, avec Mustapha qui tient une petite boutique et m'offre du khôl dont les vertus thérapeutiques ne sont plus à vanter. Le Maroc, c'est aussi le parfum du jasmin, de la fleur d'oranger, des épices, du thé à la menthe qu'on trouve dans les souks. Au bivouac, un marchand des quatre saisons vend du cumin, du ras el hanout, du gingembre, de l'indigo, du musc... Un enchantement d'herboriste. Alors que le soleil tombe, les femmes se maquillent et s'habillent pour le spectacle folklorique, l'ahidou, qu'elles nous présentent autour du feu. Située aux portes du désert, Goulimine est la fameuse ville des Reguibate, les « hommes bleus », nomades sahariens dont les amples vêtements bleus déteignent sur la peau. L'aéroport militaire sur lequel nous bivouaquons sert de base de départ aux taxis pour se rendre en ville. Alain Tégnier de Fidélia nous « arrange le coup » et l'on s'y rend... en ambulance ! Il y a peu de temps encore, Goulimine était réputée pour son marché aux chameaux, mais ces nobles animaux deviennent rares dans l'enceinte du souk qui se tient aujourd'hui, samedi, centre d'animation de cette ancienne étape nomade. Quelques dizaines de chameaux seulement attendent l'acquéreur, tandis que chèvres, moutons et vaches sont légion. En déambulant à travers ce marché animé et coloré, nous nous laissons tenter par de merveilleuses oranges de montagne, aussi belles que délicieuses ! Il faut attendre la « navette » qui passe toutes les vingt minutes ou espérer que s'arrête une bonne âme en quad ou autre moyen motorisé. À côté des tentes refuges de restauration, se sont installés une cinquantaine de camping-cars, village improvisé de retraités venus saluer le rallye. En attendant les vedettes, on a sorti le « pastaga » et les boules ! Dernière ville étape du rallye au Maroc, Smara, la ville rouge, offre peu d'intérêt touristique. Aux temps anciens, Smara était une ville sainte, mais aujourd'hui elle n'est plus qu'un gros bourg administratif sans charme. Seules les enseignes des artisans et le petit souk valent un détour dans ses rues. Par contre, au bivouac, tout est organisé pour nous recevoir au mieux : toilettes, douches et artisanat. Quelques hommes vendent des bijoux et des femmes peignent les mains au henné.
Demain, nous entrons en Mauritanie, pays du sable et du vent...

Khôl

Morocco

Marvellous Morocco with its varied and contrasting landscapes making it one of the most beautiful countries in the world. Coasts, mountains, oueds, rocky plains, hidden valleys, oases and, in the South, the mysterious Sahara, which draws the Dakar competitors towards it like a guiding star. All along the tracks, ksars and casbahs made of cob perch on the hillsides, the remnants of another age. In springtime, families of swans nest on the towers of these ancestral residences, a sign of good fortune and prosperity for the village inhabitants. Even though the city of Ouarzazate – the Berber name means "no noise" – has lost some of its former charm, it is still the starting point for many magnificent excursions into the surrounding countryside. At the confluence of the oueds Dra and Dades, located on a plain at an altitude of 1160 metres, this former garrison town was built in 1928 by a colonel in the legion who would have difficulty recognising the town today. The rally affords little time for sightseeing and you must never stray too far from the bivouac which is always situated at an airport. I therefore negotiated with Ahmed, a taxi-driver, to drive me at a reasonable price to the Ksar of Aït Benhaddou, an architectural pearl about 30 km away. In order to get there we had to ford a oued whose bed was at this time of the year virtually totally dry. The pleasure of strolling through the lanes of this former fortified village is equalled only by the stillness where you can hear the stream flowing and the birds singing in the palm trees. It was a real delight that I shared over a discussion on Tennessee Williams, with Mustapha who owns a little shop and who gave me some Khôl,

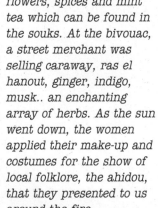

the therapeutic values of which have long since been proven.

Morocco is also the land of jasmine, of orange tree flowers, spices and mint tea which can be found in the souks. At the bivouac, a street merchant was selling caraway, ras el hanout, ginger, indigo, musk.. an enchanting array of herbs. As the sun went down, the women applied their make-up and costumes for the show of local folklore, the ahidou, that they presented to us around the fire.

Located at the entry to the desert, Goulimine is the town famous for the Reguibates, the "blue men", Saharan nomads, whose flowing blue robes discolour the skin. The military airport where the bivouac is located is the starting point for local taxis into town. Alain Tégnier from Fidelia arranged some "on the spot" transfer for us and we went by ambulance! Not too long

ago, Goulimine was still renowned for its camel market, but these noble animals are rare in the confines of the souk which today, Saturday, was the focal point of this former nomad stopping place. Only a few dozen camels were waiting for an owner but goats, sheep and cows were legion. Strolling through the animated and colourful market, we were tempted by the marvellous mountain oranges, as delicious as they were beautiful! We had to wait for the shuttle that circulated every twenty minutes or hope that some kindly soul on a quad or other means of transport would give us a lift. Alongside the catering tents, there were around fifty camping cars, an improvised village of pensioners who had come to see the rally. While waiting to see the stars, they amused themselves with "pastaga" and bowls. The last stopping point for the rally in Morocco was Smara, the red town, offering little in terms of sightseeing. In former times, Smara was the sacred town, but it is now nothing more than an administrative centre witlittle allure. Only the local craftsmen and the little souk are worth a visit. However at the bivouac, all efforts had been made to receive us in style: toilets, showers and local crafts. Some men were selling jewellery and women were painting hands with henna.

Tomorrow, we would enter Mauritania, the land of sand and wind...

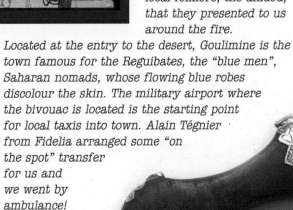

Mauritanie

Alors que les concurrents se dirigent vers El Ghallaouiya, la majorité des « suivants » se retrouve à Atar car seuls les petits avions peuvent atterrir dans ce lieu perdu de Mauritanie. On s'organise donc pour profiter au maximum de ce repos forcé avec l'intention de gagner la ville, à la recherche d'une douche et d'un bon repas aux saveurs locales. Le chauffeur du taxi-brousse nous emmène tous les quatre (Marc Roy, membre du Collège auto, Alain Tégnier de Fidélia, Serge Hammon de Total et moi-même) à l'auberge Dar Salam. Après une douche glacée, mais salutaire, et un verre de thé à la menthe, on doit faire honneur à Ahmed, le cuisinier, qui a fait mijoter du riz, du poisson et des légumes. Une pure merveille. Nous prolongeons cet instant de plaisir, en ce début d'après-midi, par une visite à la palmeraie Azougui. À 7 km d'Atar, accessible par une piste, cette petite oasis est un joyau de verdure, flanqué au pied d'une falaise noire contre laquelle les vents ont poussé du sable jaune. Des chercheurs ont mis au jour les ruines d'une forteresse des Almoravides sur un site archéologique qui, malheureusement, n'a pas beaucoup avancé depuis deux ans – date de notre précédent passage. Les habitants du village aux maisons en pisé et à toit de chaume vivent du travail de la palmeraie. L'endroit est enchanteur et l'on aimerait bien poser notre tente ici quelques jours…

Le vent du matin est tombé et il fait enfin chaud. Il y a toujours du vent, fin janvier-début février, nous dit-on, époque à laquelle les dattiers commencent à produire les semences que le vent disperse, aidant ainsi à la fécondation… Rien n'est dû au hasard dans la nature.

Mardi, une visite express à El Ghallaouiya me permet d'estimer la qualité du site. Le coucou qui nous transporte atterrit sur le plateau où nous attend un hélicoptère qui nous emmène au bivouac, situé dans la vallée. On survole un moment le plateau noir puis la falaise qui surplombe la plaine où, dans le lointain, on aperçoit le fort qui se dresse dans ce désert de pierres si cher à Théodore Monod. El Ghallaouiya était un des endroits de prédilection où il aimait venir admirer les peintures rupestres de la falaise et étudier les divers roches et fossiles qui racontent l'histoire de notre planète. Une partie de l'Adrar est constituée des mêmes roches que celles des Appalaches aux États-Unis (un des éléments qui étaient la thèse de la dérive des continents).

Après quelques heures passées à El Ghallaouiya, nous partons pour Atar où nous resterons encore deux jours. Derrière l'aéroport, on trouve des stromatolithes, fossiles striés composés de couches d'algues scellées par du calcaire. Le village d'artisans installé près du bivouac propose beaucoup de bijoux et d'objets… Des femmes peignent les mains au henné ; l'une d'elles, Mariem, me propose un legsana, jeu divinatoire qu'elle pratique en traçant des lignes – totalement incompréhensibles pour moi – dans le sable. Après la journée de repos, on arrive à Nouakchott, au bord de l'océan. Promenades sur la magnifique plage – seul endroit animé de la ville moderne –

d'où l'on regarde arriver et partir les pêcheurs sénégalais dans leurs belles pinasses colorées. L'ambiance est extraordinaire, les hommes halent les barques sur le sable ou les poussent pour passer la barrière, tandis que les femmes vendent le produit de leur pêche. Ajoutez à ce tableau la couleur turquoise de l'océan agité, le parfum de l'iode, la brise et le soleil… L'étape suivante est Tidjikdja, toujours aussi magique mais dure, très dure. Le sable envahit de plus en plus les rues et les cours des maisons de banco. Pour aller photographier le marché, on marche pendant 2 km environ malgré le vent qui souffle fort, le soleil qui cogne, le sable mou qui alourdit notre marche et la dizaine de gamins qui nous harcèlent : « Madame, donne-moi cadeau ! » Mais à l'arrivée, le spectacle nous récompense de l'effort fourni : dans la batha – lit asséché de la rivière qui sépare la ville en deux – des bergers sortent l'eau du puits et abreuvent le troupeau de plusieurs centaines de chameaux ! Quel tableau !

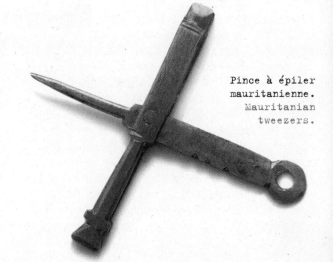

Pince à épiler mauritanienne. Mauritanian tweezers.

Mauritania

While the competitors made for El Ghallaouiya, the majority of the "followers" found themselves at Atar since only very small planes could land in this remote place in deepest Mauritania. So we decided to take maximum advantage from this forced rest to try and go into town to find a shower and a good local meal.
The driver of the bush taxi drove the four of us (Marc Roy, member of the car council, Alain Tégnier from Fidélia, Serge Hammon from Total and myself) to the Dar Salam inn.
After a freezing, but salutary shower and a glass of mint tea, we honoured Ahmed, the chef, who had prepared for us a sheer delight of rice, fish and vegetables. We prolonged the delight at the beginning of the afternoon with a visit to the Azougui palm grove. Located 7 km from Atar, accessible by a track, this little oasis is a verdant jewel nestling at the foot of a black cliff that the wind has coated with yellow sand. Researchers have opened up the ruins of an Almoravides fortress on an archeaological site, which has unfortunately seen little progress over the past two years when we last passed through. The village inhabitants live in cob houses with thatched roofs and make their livelihood from the palm grove. The spot is delightful and we were sorely tempted to pitch our tent here for a few days...
The early morning breeze had died down and at last it was hot. There is always wind in late January, early February they say, because it's the moment when the date palms begin to sow their seeds which the wind disperses helping pollination.. Nature leaves nothing to chance it seems.
On Tuesday, a lightning visit to El Ghallaouiya gave me a chance to assess the nature of the location. The little aeroplane landed on a plain where a waiting helicopter took us to the bivouac in the valley below. At one time we flew over the black plain and then the cliff that plunges into another plain where in the distance we could see the outline of the fort in the midst of the stoney desert which was so dear to Théodore Monod.
El Ghallaouiya was one of his favourite places for admiring the rock paintings and studying the various rocks and fossils which tell the history of our planet. A part of Adrar is made up of the same rocks as the Appalaches in the United States (one of the elements supporting the theory of drifting continents).
After a few hours spent at El Ghallaouiya, we left for Atar where we spent a further two days. Behind the airport we discovered some stromatolites - streaked fossils composed of layers of algae embedded with chalk.
The craftsmen's village located close to the bivouac offered jewels and objects. Women were painting hands with henna; one of them, Mariem, suggested a legsana, a guessing game involving lines which she traced out in the sand and which was totally incomprehensible to me.
After the rest day we arrived in Nouakchott alongside the ocean. Wonderful walks along the magnificent beach – the only animated part of the modern city – where we stopped to watch the Senegalese fisherman in their colourful fishing boats.
The scene is extraordinary as the men pull or push their boats onto the sand while the women sell the product of their labours. Add to this the turquoise colour of the ocean, the smell of iodine, the breeze and the sun...
The following stage was Tidjikdja, still as mythicial as it is hard, very hard. The sand covers the streets and courtyards more and more. In order to take some pictures of the market, we walked for 2 km, in the face of the strong wind, the scorching sun, the soft sand that made our steps heavy and around a dozen children each one lamenting "Give me a present". But when we got there, we realised it was worth the effort: in the batha – the dried out riverbed that splits the town in two – shepherds draw water

Le puits de Tidjikdja.
The well at Tidjikdja.

Deux jours à Tidjikdja sans vent de sable et on s'envole pour Tichit. Merveilleuse Tichit, fondée par l'aveugle, Alamin bel Haj, qui venait de l'Est à la recherche d'un lieu où s'établir. Chaque jour, le sage homme reniflait le sable et, arrivé à Tichit, il se serait exclamé : « chi'tou » (c'est ici), d'où le nom de Tichit. Le vent souffle, comme chaque jour depuis notre départ et en débarquant tôt le matin, nous avons froid, mais le soleil monte vite dans le ciel, réchauffant l'atmosphère. Nous partons alors nous mettre à l'abri du vent dans les ruelles du bourg envahies de sable. Des femmes et des enfants nous accompagnent gentiment, un jeune garçon, Ahmed, parlant français, nous traduit leurs palabres et nous emmène vers la bibliothèque. Nous traversons la ville qui pourrait apparaître à celui qui ne sait la regarder, comme un tas de ruines, puis aboutissons à la Mosquée, véritable chef-d'œuvre d'architecture. La bibliothèque est un peu plus loin sur la gauche. Nous découvrons là une véritable scène médiévale : trois hommes en pagne remplissent des calebasses de terre avec laquelle ils réparent les murs de pierres sèches de la petite cour. Un vieil homme sortant d'un réduit nous reçoit. Daad Walid Ahmad Walid Bad, âgé de plus de quatre-vingt-dix ans, le gardien de ce temple de la culture. Le sage accepte de nous ouvrir sa caverne d'Ali Baba, protégée par une superbe porte de petite dimension, ornée de clous. Nous descendons quelques marches, puis pénétrons dans une petite pièce où sont classés peut-être une centaine de manuscrits relatant l'histoire de Tichit et dont certains sont vieux de 1000 ans, une merveille ! Et un moment d'émotion devant ce condensé d'histoire.

En quittant à regret Tichit « la magnifique », incontestablement le plus beau site du rallye, nous partons pour Néma, située sur la « route de l'Espoir » qui relie Nouakchott au Mali. Néma, centre administratif, capitale du Hodh, désert de sable, à la différence de l'Adrar ou du Tagant. La visite de la ville n'offrant aucun intérêt, on opte pour une super douche. À côté du bivouac, un petit malin a construit des baraquements en tôle ondulée, pourvoyant chacun d'une porte qui ferme, d'un clou au mur pour pendre les vêtements, d'une chaise, d'un porte-savon et... d'eau chaude. Un véritable cinq étoiles ! C'est notre dernière journée en Mauritanie, demain nous entrerons au Mali.

Mali

Après neuf jours de Mauritanie, quel contraste ! Nous arrivons au Mali, en Afrique noire. Un taxi-brousse nous emmène du tarmac, où sont parqués les avions, à la découverte de Bamako, dite en bambara « la rivière aux caïmans ». Notre chauffeur est douanier. Après les formalités de police, en route pour la ville, le marché... pour rebrousser chemin à grande vitesse devant la multitude de charrettes, de mobylettes, de vélos qui grouillent au milieu des minibus et des voitures... Ici, on vend du coton et des matelas, là, de vieilles « mobs » ; un chanteur malien – quelques-uns sont célèbres en France – hurle à la radio. Loin de cet enfer, nous préférons un petit marché aperçu sur la route, à proximité de l'aéroport. Ici, tout est beaucoup plus convivial : les femmes sont charmantes, acceptant en riant notre curiosité et répondent à nos questions sur les produits qu'elles proposent. L'une verse de l'huile orange dans de petits sachets, une autre vend de grosses aubergines, à côté, du poisson trône sur l'étal...

À la vue du poisson et de la viande envahie par les mouches, Alberto, journaliste italien qui découvre l'Afrique, se réfugie dans la voiture. Question d'habitude sans doute... Je perçois un bruit de fond, sourd mais répété sur un rythme cadencé. J'entre dans une échoppe où deux hommes, assis par terre, battent un tissu avec des masses en bois. L'étoffe est enduite de paraffine et les coups de battoir la font briller. « C'est comme si tu repassais, m'expliquent-ils, et tu peux porter ça pendant un mois ! » Il fallait y penser ! En fin d'après-midi, après le boulot, je m'offre une douche au Grand Hôtel. Au retour, Alex, le chauffeur, m'offre une kora (harpe-luth) pour sceller des liens d'amitié qui se sont tissés le temps d'un parcours de 11 km... Je reviens au bivouac la tête et le cœur pleins de souvenirs de ces moments émouvants que l'on vit sur le Dakar. Au bivouac, des artisans ont installé de beaux stands où ils vendent des statuettes Dogon et bien d'autres choses. Des Touareg sont descendus d'Agadez (Niger) pour vendre leurs magnifiques bijoux en argent... En Afrique, les distances n'existent pas...

Le marché de Bamako.
The market at Bamako.

from the well and give water to the troop of several hundred camels!

Two days at Tidjikdja without a sand storm and we headed for Tichit. The marvellous Tichit founded by the blind Alamin bel Haj, who came from the East in search of a place to stay. Every day, the wise old man inhaled the sand and, when he got to Tichit, he exclaimed: "chi'tou" (it's here) hence the name Tichit. The wind was blowing, as on practically every day of the rally and when we left early in the morning it was cold, but the sun soon rose in the sky and the temperature rose. So we took refuge from the wind in the sand-covered lanes of the town. Women and children gladly accompanied us and a little boy named Ahmed who spoke French, translated their chatter for us and led us to the library. We crossed the town which to the uninitiated would appear like a pile of ruins and arrived at the Mosque, an architectural masterpiece. The library was a little further on on the left. This is where we discovered a scene from the Middle Ages: three men in loincloths were filling calabashes with earth to repair the dry-stone walls of the courtyard. An old man came out of a recess to greet us. Daad Walid Ahmad Walid Bad is more than ninety years old and is the procurator of this cultural temple. The wise old man agreed to open up his Ali Baba's cave which is protected by a superb tiny door decorated with nails. We went down a few steps then entered a little room where about a hundred manuscripts were lined up relating the history of Tichit. Some of them are over 1000 years old. It was an emotional moment in the face of so much history.

We left the magnificent Tichit with regret as it was undeniably the most beautiful location on the rally and headed for Nema, located on the "road of hope" which links Nouakchott to Mali. Nema is an administrative centre and the capital of Hodh, the sand desert as opposed to Adrar or Tagant. Since a visit to town was of no interest to us we opted for a super shower. Beside the bivouac, an ingenious local had constructed some corrugated iron huts each with a door that closed, with a nail on the wall for your clothes, a chair, a soap dish and ... warm water. Five star luxury! It was our last day in Mauritania, tomorrow we would make for Mali.

Mali

What a contrast after nine days in Mauritania! We finally arrived in Mali in Black Africa.

A bush taxi took us from the tarmac where the planes were parked into Bamako which in Bambara means "Caymans' River". Our driver was a customs officer. After the police formalities on the way to town, we came across the market ... only to turn back right away in the face of a mass of wheelbarrows, mopeds, and bicycles twisting among the minibuses and cars ... Dotted about were stalls selling cotton and mattresses, and another selling old mopeds.

A Mali singer – some are famous in France – was blasting out of the radio. The street merchants ran off, some losing their wares. We preferred to leave this living hell and find a much quieter market we had spotted earlier near the airport. Everything was much more attractive here: the women were friendly, laughing mildly at our curiosity and answering our questions on their products. One was pouring orange oil into small packets and another was selling huge aubergines, alongside a fish on a huge tin plate.

When he saw the fish and meat covered in flies, Alberto an Italian journalist discovering Africa for the first time, took refuge in the car. It's a question of habit, I suppose. I suddenly became aware of a dull thudding sound and upon entering a hut, I found two men sitting on the ground beating some fabric with wooden blocks.

The fabric was soaked in parafin and the beating

was making it shine. "It's as if you were ironing," they told me. "And you can wear it for a month!" There's a tip to remember. At the end of the after-noon

I treated myself to a shower at the Grand Hotel. Upon my return, Alex, the driver gave me a kora (a kind of harp) to seal the friendship that had developed during the last 11 km. I returned to the bivouac with my head and heart full of these kind of touching moments you experience during the Dakar. At the bivouac, local craftsmen had set up some beautiful stalls where they were selling Dogon statuettes and a lot of other things. Some Tuaregs had travelled from Agadez (Niger) to sell their magnificent silver jewelry. In Africa, distances don't exist.

Senegal

Après une seule journée passée au Mali, on entre au Sénégal, à Bakel, où l'on retrouve le fleuve Sénégal. Sidi, chauffeur de taxi-brousse, nous emmène faire un tour au marché puis au fleuve. On passe devant le fort Faidherbe qui abrite aujourd'hui la préfecture, puis devant la maison où René Caillé a séjourné. Les femmes, au port de tête de reine, sont belles dans leur boubou. Au marché, l'une m'offre des beignets, au bord du fleuve, on devise sur la vie en Afrique et l'on regarde les pinasses qui transportent gens et marchandises sur l'autre rive, en Mauritanie. À Bakel, la population est incroyablement accueillante et sympathique. Cette petite ville est malheureusement difficile d'accès en raison de l'état des pistes mais, à partir de l'aéroport, la route est goudronnée.

Au retour, on s'arrête au puits auquel se ravitaillent les gens du village du « carrefour ». Des petits veaux paissent dans un champ de mil qui a déjà été moissonné... Un vrai paysage sahélien. Non loin, des arbres étranges, sans feuilles, lancent leurs fleurs roses vers le ciel alors que tout le reste du pays est brûlé par le soleil...
Deuxième étape sénégalaise, Tambacounda n'offre que l'hôtel Asta Kebe

où l'on retrouve de nombreux concurrents autour de la piscine, un verre à la main, et où une partie du campement vient prendre une douche, l'autre préférant les sanitaires installés dans de jolies paillotes au bivouac. L'aventure touche à sa fin, à Dakar, c'est le retour à la civilisation... Mais nous rentrons au pays la tête dans les étoiles, plus riches de mille expériences humaines et de la découverte de ce continent qui, malgré toutes les vicissitudes de l'histoire, a su garder sa magie.

Senegal

Having spent just one day in Mali, we arrived in Senegal, in Bakel where we discovered the Senegal river. Sidi, a bush taxi-driver took us to the market and then to the river. We passed by the Faidherbe fort which today houses the local authorities, then the house where René Caillé once stayed. The majestic women were resplendent in their boubous. At the market, one offered me some doughnuts. Alongside the river, we studied African life, watching the little fishing boats transporting people and goods to the other river in Mauritania. The people of Bakel are unbelievably friendly and likeable. This small town is not easily accessible due to the state of the tracks, but from the airport, the road is tarmacadam. Upon our return we stopped at the well where the villagers draw water at the crossroads. Small calves were pasturing in a millet field which had already been harvested. A true Sahelian picture. Not far away, strange trees with no leaves were still adorned with pink flowers pointing skywards, when the rest of the country is burnt by the sun ... The second stage in Senegal, Tambacounda, has only the hotel Asta Kebe where we found several competitors having a drink around the pool and where a large proportion of the camp came to take a shower, the rest preferring the sanitation provided in rush huts at the bivouac. The adventure was coming to an end, to Dakar and the return to civilisation... But we would return home with our heads in the stars, enriched by the thousands of human experiences and the discovery of this continent which in spite of the trials and tribulations of history, has still kept its unique magic.

Ocre rouge du pisé. Détail du ksar d'Aït Benhaddou, merveille d'architecture.
Ocre red cob. A detail from the Aït Benhaddou ksar, an architectural marvel.

Jeu d'ombre et de lumière dans les ruelles du ksar d'Aït Benhaddou qui surplombe l'oued Dra, non loin de Ouarzazate. Light and shade in the lanes of the Aït Benhaddou ksar which overlooks the Dra oued, not far from Ouarzazate.

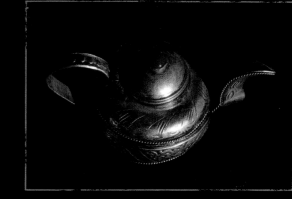

Beauté colorée des femmes venues danser l'ahidou
à Ouarzazate. The colourful beauty of the female ahidou dancers at Ouarzazate.

affirme que la lumière et l'ombre ne parlent pas? " (Proverbe touareg).

that light and shade can't speak." (Tuareg proverb).

Palmeraie d'Azougui. The Azougui Palm Grove.

" Ce qui embellit le désert, dit le petit prince, c'est qu'il cache un puits quelque part... " (Antoine de Saint-Exupéry.) "What makes the desert beautiful", said the Little Prince. "Is that it hides a well somewhere..." (Antoine de Saint-Exupéry).

La plage de Nouakchott... The beach at Nouakchott...

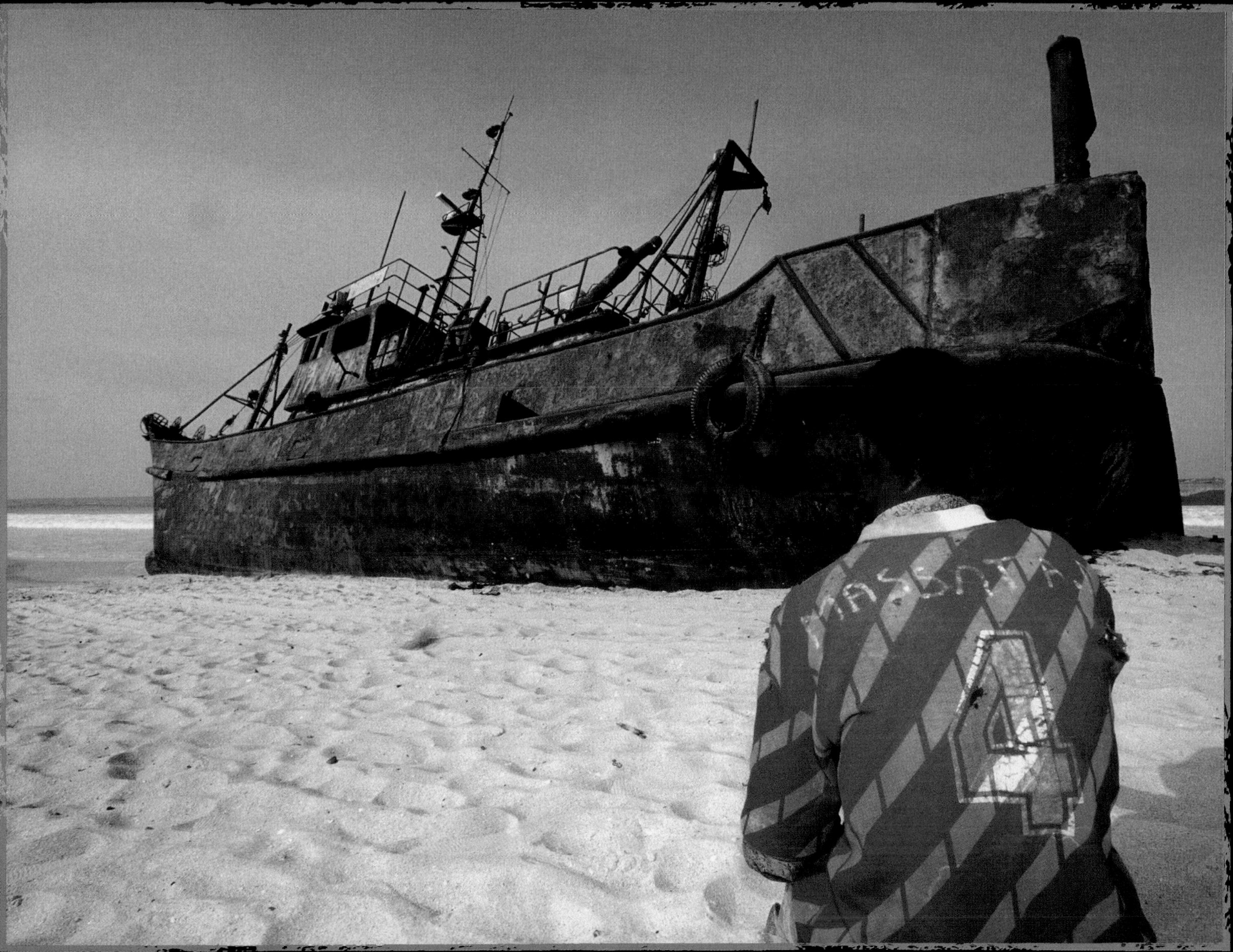

Le vent joue dans les voiles des femmes de Tichit, furtives taches de couleur dans cet univers minéral. The wind plays in the women's veils at Tichit, fleeting snatches of colour in this mineral world.

Le sage, Daad Walid Ahmad Walid Bad, gardien des précieux manuscrits de Tichit. The wise sage, Daad Walid Ahmad Walid Bad, the keeper of the precious manuscripts at Tichit.

Fondée au VIIIe siècle au pied du dhar, Tichit conjugue beauté, magie et fascination.
Founded in the 13th century at the foot of the dhar, Tichit conveys beauty, magic and fascinati

Couleurs chatoyantes de la savane africaine où les baobabs côtoient les palmiers du
bord de mer. The attractive colours of the African Savannah where the baobabs
mingle with the palm trees on the water's edge.

Paul Belmondo, navigue par Albert Bosch, fait une course exemplaire et, après cinq tentatives,
atteint Dakar pour la première fois. With Albert Bosch as his navigator, Paul Belmondo drove
an exemplary race and reached Dakar for the first time in five attempts.

En deux ans,
60% des équipages
à l'arrivée
et victoire en T2
diesel pour
le LeasePlan Trophy.

In the last two years,
60% of the teams at the finish
and victory in T2
Diesel for the
LeasePlan Trophy.

Le bivouac du Toyota Trophy.
The Toyota Trophy bivouac.

LeasePlan
Toyota
trophy

Pour sa 2e édition, le Lease Plan Trophy a fière allure : douze équipages prennent le départ au Champ-de-Mars, le 1er janvier, représentant l'un des teams les plus spectaculaires du Dakar 2001. Les concurrents viennent des États-Unis, d'Espagne, de France, du Danemark, des Pays-Bas et de Belgique. Certains n'ont jamais participé à une compétition automobile. D'autres, comme Paul Belmondo ou Vanina Ickx, affichent une sérieuse expérience… en circuit. Tous, en tout cas, sont animés par la même flamme : vivre cette grande aventure dans l'état d'esprit insufflé par Thierry Sabine : en parfaits gentlemen (et women).
Trois Toyota à châssis long et un camion acheminent chaque soir, sur l'itinéraire réservé à l'assistance, plus de 4 tonnes de pièces de rechange et 100 pneus Pirelli (les équipages disposent de deux types d'enveloppes : Dakar pour les cailloux, Scorpio pour le sable). Au bivouac, dix personnes forment l'encadrement technique, histoire de remettre à neuf les véhicules pour l'étape du lendemain. Comme en 2000, la préparation des Land Cruiser a été confiée à Daniel Vergnes et à son équipe. Ils ont tiré de la première expérience les enseignements qui s'imposaient.
Cette fois, malgré l'extrême sélectivité du parcours, cinq Toyota atteignent l'arrivée au terme des 10 739 km dont 6180 chronométrés. Trois véhicules seront contraints à l'abandon pour cause de panne mécanique, deux parce qu'ils ont fait des tonneaux, deux autres pour un problème de santé.

For its second edition, the Lease Plan Trophy cut an impressive figure: twelve teams on the Champ-de-Mars on 1 January representing one of the most spectacular teams in the Dakar 2001. Competitors came from the United States, Spain, France, Denmark, the Netherlands and Belgium. Some had never before taken part in any kind of car race. Others, like Paul Belmondo or Vanina Ickx, had some solid experience… of track racing. All of them were inspired by the same objective: to experience this adventure in the same spirit as Thierry Sabine: as perfect gentlemen.
Three long wheelbase Toyotas and a truck carried more than 4 tonnes of spare parts and 100 Pirelli tyres (each team had two types of tyre to choose from: Dakar for the stones and Scorpion for the sand) every day to the bivouac via the special itinerary for assistance vehicles. At the bivouac, ten persons formed the technical team, ready to repair the cars ready for the next day's action. Like in 2000, the car preparation had been entrusted to Daniel Vergnes and his team. They had already gained valuable experience from the previous year and made the necessary changes.
On this occasion, in spite of the extremely selective route, five Toyotas made it to the finish after 10,739 kilometres, 6180 of which were timed. Three vehicles were eliminated due to mechanical breakdown, two through accident, two for medical reasons.

France-Espagne

Lundi 1er janvier : **Paris - Narbonne.**
RAS pour la colonie du Toyota Trophy. Une descente « gentille » de la France qui permet de se réchauffer au fil des kilomètres.

Monday 1 January : **Paris - Narbonne.**
No incidents to report on the Lease Plan Toyota. A gentle ride down through France which fortunately warmed up as the kilometres went by.

Mardi 2 janvier :
Narbonne - Castellon Costa-Azahar.
Premier coup de théâtre ! Chris Leyds et Pierre Blom (n° 312) effectuent une impressionnante série de tonneaux près de l'arrivée. Leur voiture est détruite mais l'équipage est indemne. Carlos Martinez-Campos et Sirio Sainz (n° 316) sortent de la piste au même endroit. L'équipe d'assistance peut réparer. Les Espagnols s'en tirent avec une grosse frayeur.

Tuesday 2 January :
Narbonne - Castellon Costa-Azahar.
The first drama. Chris Leyds and Pierre Blom (312)
made some impressive somersaults close to the finish. The car was destroyed but the team was unharmed. Carlos Martinez-Campos and Sirio Sainz (316) left the track at the same spot. The assistance team were able to repair the damage and the Spanish came through with just a big scare.*

Mercredi 3 janvier :
Castellon Costa-Azahar - Almeria.
Premier contact, léger, avec le sable dans une spéciale de 5 km loin de faire l'unanimité. Dagmar Liekens et Hans Laerenbergh (n° 311) en profitent pour vérifier la solidité des plaques de désensablage. Deux roues avant crevées : les Américains (n° 313) jouent au « tracteur ». Pendant que Dominique de Borrekens pilote, Emmanuel Pauwels en profite pour admirer la mer et la plage.

Wednesday 3 January :
Castellon Costa-Azahar - Almeria.
First - very gentle - contact with the sand in a Special lasting 5 km which was far from popular. Dagmar Liekens and Hans Laerenbergh (311) took advantage of it to test out the sand ladders. With two front wheel punctures, the Americans played tractors. And while Dominique de Borrekens drove, Emmanuel Pauwels admired the view of the sea and the beach.

Maroc

Jeudi 4 janvier :
Nador - Er-Rachidia.
Alain de Wagter (n° 296) réussit le meilleur temps du Toyota Trophy (53e) devant Vanina Ickx (63e) et Paul Belmondo (67e). Nicolai Moltke-Leth et Henrick Radich Jorgensen atteignent l'arrivée sur trois pattes : un trou abordé trop vite, une roue perdue quelques centaines de mètres plus loin et le tonneau !

Heureusement, les mécanos de Daniel Vergnes réalisent à nouveau des prodiges. Après une nuit de travail, la voiture est au départ de la 5e étape.

Thursday 4 January : *Nador - Er-Rachidia.*
Alain de Wagter (296) scored the best time in the Lease Plan Trophy (53rd) ahead of Vanina Ickx (63rd) and Paul Belmondo (67th). Nicolai Moltke-Leth and Henrik Radich Jorgensen got to the finish on three legs. Having crossed a hole too quickly, they lost a wheel a few hundred metres further on and then a somersaulted. Fortunately, Daniel Vergnes' mechanics once again worked miracles. After a night's work, the car was at the start of the 5th Stage.

Vendredi 5 janvier : Er-Rachidia - Ouarzazate.
Premier contact avec les dunes. Paul Belmondo signe le meilleur temps du Trophy mais les filles sont à l'honneur. Dagmar Liekens et Vanina Ickx suivent de près l'ancien pilote de Formule 1. Jean-Paul Libert (n° 306) se félicite d'avoir un équipier aussi expérimenté que Gilles Pillot (59 rallyes-raids à son actif dont 10 Dakar). Dans les dunes, l'ancien motard lui fait gagner un temps précieux. Nagelmackers et Delferier (n° 314) recourent à la main-d'œuvre locale. Ensablés, ils paient des autochtones pour les sortir de là.

Friday 5 January : *Er-Rachidia - Ouarzazate.*
First contact with the dunes. Paul Belmondo scored the best time in the Trophy but the girls were fighting back. Dagmar Liekens and Vanina Ickx were close behind the former F1 driver. Jean-Paul Libert (306) was relieved to have a team-mate as experienced as Gilles Pillot (59 off-road rallies to his name including 10 Dakars). In the dunes, the former biker saved him a lot of time. Nagelmackers and Delferier (314) resorted to local labour. When they became stuck in the sand, they paid the locals to help them out.

Samedi 6 janvier : Ouarzazate - Goulimine.
Dari Shalon et David Banitt sont contraints à l'abandon au départ. Le boîtier électronique de leur voiture tombe en panne : impossible d'en trouver un aussi sophistiqué au milieu du désert. Vanina Ickx

rectifie le profil de sa Land Cruiser : à 10 km/h, son Toyota se met sur le toit puis s'immobilise sur le flanc. Par sa régularité, Belmondo occupe désormais la 48e place du classement général mais Liekens-Laerenbergh ne sont pas loin.

Saturday 6 January : *Ouarzazate - Goulimine.*
Dari Shalon and David Banitt were forced to retire before the start. The electronics on their car had broken down and it was impossible to locate such a sophisticated part in the middle of the desert. Vanina Ickx modified the shape of her Land Cruiser. At 10km/h, her Toyota rolled onto its roof then onto its side. Due to regular driving, Paul Belmondo was now 48th overall but Liekens/Laerenbergh were not far behind.

Dimanche 7 janvier : Goulimine - Smara.
Le paysage est somptueux , de Borrekens-Pauwels ne s'en privent pas. Au point d'aborder un trou à 140 km/h et d'effectuer un terrible saut. Stanco-Dzurka (n° 309), l'équipage polonais, maîtrise de mieux en mieux la navigation mais la perf du jour, c'est de Wagter (49e) qui la signe.

Sunday 7 January : *Goulimine - Smara.*
The scenery was magnificent and de Borrekens/Pauwels lapped it up. To the extent that they hit a hole at 140km/h and made a spectacular leap. Stanco/Dzurka (309), the Polish team, were getting better and better at navigating but the performance of the day was de Wagter (49th).

Mauritanie

Lundi 8 janvier : Smara - El Ghallaouiya.
Au tour de Jean-Paul Libert de réussir un exploit. Son équipier Gilles Pillot n'y est pas étranger. Journée noire, par contre, pour Vanina Ickx et Michel Van den Broeck. Ils heurtent une pierre assez violemment pour plier le châssis. Par chance, les véhicules d'assistance empruntent, pour la première fois, le même itinéraire que les concurrents et les mécanos

du Toyota Trophy réparent sur place la Land Cruiser 308. Alain de Wagter s'offre un tonneau, victime de la poussière d'un concurrent qu'il tente de dépasser.

Monday 8 January : *Smara - El Ghallaouiya.*
It was Jean-Paul Libert's turn to put in a performance. His team-mate Gilles Pillot played no small part in it. A black day for Vanina Ickx and Michel Van Den Broeck. They hit a rock at speed and bent the chassis. Fortunately for the first time on the rally, the assistance vehicles were following the same route as the rally and the mechanics on the Lease Plan Trophy were able to repair the Land Cruiser number 308. Alain de Wagter went head over heels, caught out by the dust as he tried to pass another competitor.

Mardi 9 janvier : El Ghallaouiya - El Ghallaouiya.
Après avoir cassé, la veille, le pare-brise, le tableau de bord et le radiateur, la n° 296 perd cette fois tout l'avant. « Cette voiture est indestructible », commente Alain de Wagter. Gilles Pillot, par contre, frôle la mort. La voiture d'un concurrent totalement inconscient le fauche alors qu'il dégonfle une roue en terrain découvert. Transporté à l'hôpital, les médecins diagnostiquent quatre fractures des côtes et du sternum.

Tuesday 9 January : *El Ghallaouiya - El Ghallaouiya.*
After breaking the windscreen, the dash board and the radiator the day before, today the 296 lost the whole of the front. "This car is indestructible", said Alain de Wagter. Gilles Pillot on the other hand was not. An irresponsible competitor hit him while

deflating the front tyres on an open plain. Transported by helicopter to hospital, doctors diagnosed fractures to four ribs and the sternum.

Mercredi 10 janvier : El Ghallaouiya - Atar.
Nouvel exploit de Belmondo, désormais 36e au classement général, tandis que Liekens et de Wagter préfèrent rejoindre Atar par le goudron. Nagelmackers et Delferier n'arrivent pas : leur voiture s'est mise sur le toit la veille. Ils passent deux nuits dans le désert avant d'atteindre la ville de repos, escortés par le camion d'assistance du Toyota Trophy.

Wednesday 10 January: El Ghallaouiya - Atar.
Belmondo kept up his performance, now placed 36th overall while Liekens and De Wagter preferred to go to Atar by road. Nagelmackers and Delferier had not arrived. Their car had rolled onto its roof the day before. They spent two nights in the desert before reaching the rest location, escorted by the Lease Plan Trophy's assistance truck.

Vendredi 12 janvier : Atar - Nouakchott.
De Wagter jette l'éponge. Son équipier Alfonso de Orleans Borbon est contraint d'abandonner, épuisé. De Borrekens et Pauwels filment une caravane de chameaux croisée sur la piste.

Friday 12 January: Atar - Nouakchott.
De Wagter threw in the towel. His team-mate Alfonso De Orleans Borbon was forced to withdraw with exhaustion. De Borrekens and Pauwels filmed a caravan of camels on the track.

Samedi 13 janvier : Nouakchott - Tidjikdja.
Nicolai et Henrick, les Danois, voient leur turbo rendre l'âme. À peine montés dans le camion-balai, ils se promettent de revivre le Toyota Trophy l'an prochain. Pour Dominique et Manu, c'est le début d'une fameuse galère. Contraints de rouler à 20 km/h pendant 300 km, ils atteignent le bivouac à 5 h du matin.

Saturday 13 January: Nouakchott - Tidjikdja.
Nicolai and Henrik, the Danish team, saw their turbo literally fly away. They had no sooner climbed into the sweeper truck than they were promising to come back to the Lease Plan Trophy next year. For Dominique and Manu, it was the start of the marathon. They were obliged to drive at 20 km/h for 300 kilometres and reached the bivouac at 5 o'clock in the morning.

Dimanche 14 janvier : Tidjikdja - Tidjikdja.
Stanco et Dzurka (n° 309) étonnent chaque jour un peu plus : 32e, ils signent le meilleur temps du Trophy. Belmondo et Martinez-Campos occupent respectivement les 30e et 38e places du classement général. La palme du courage, de Borrekens et Pauwels la méritent largement. Cette fois, ils atteignent le bivouac à 4 h du matin, juste à temps pour que les mécaniciens réparent le moteur avant de reprendre la piste.

Sunday 14 January: Tidjikdja - Tidjikdja.
Stanco and Dzurka (309) threw surprise after surprise every day. They recorded the best time (32nd) in the Trophy. Belmondo and Martinez-Campos were occupying the 30th and 38th place respectively in the overall ranking. De Borrekens and Pauwels by far deserved the prize for determination. This time, they reached the bivouac at 4 o'clock in the morning, the time for the mechanics to repair the damage to the engine, before setting off again.

Lundi 15 janvier : Tidjikdja - Tichit.
L'équipe d'assistance se divise en deux. Une voiture emprunte le même itinéraire que les concurrents jusqu'à Tichit, tandis que le camion et les deux autres voitures se rendent directement à Néma. Le moteur

du Toyota de De Borrekens et Pauwels est décidément très fatigué et les compères décident d'abandonner.

Monday 15 January: Tidjikdja - Tichit.
The assistance team divided into two. One car followed the competitors to Tichit, while the truck and two other cars went directly to Nema. De Borrekens and Pauwels' engine once again showed signs of weakness and the pair decided to abandon.

Mardi 16 janvier : Tichit - Néma.
Une étape où la navigation s'avère compliquée. Paul Belmondo consolide son leadership en T2 diesel catégorie où, parmi les huit voitures encore en course, cinq font partie du Lease Plan Toyota Trophy.

Tuesday 16 January: Tichit - Néma.
It was a stage where navigation was difficult. Paul Belmondo consolidated his lead in the T2 Diesel category where, from the eight cars still in the race, five were part of the Lease Plan Trophy.

Mali

Mercredi 17 janvier : Néma - Bamako.
Carlos et Sirio s'égarent un moment mais conservent leur sens de l'humour : « Nous avons fait une étude géographique de la région », explique le pilote.

Wednesday 17 January: *Néma - Bamako.*
Carlos and Sirio got lost but kept their sense of humour: "We made a geographical study of the region", joked the driver.

Senegal

Jeudi 18 janvier : Bamako - Bakel.
C'est la plus longue étape en Afrique et les cinq concurrents du Toyota Trophy, toujours en course, refusent de prendre le moindre risque. Avec un moteur turbo diesel pratiquement d'origine (125 chevaux), Paul Belmondo et son équipier espagnol Albert Bosch sont désormais bien installés à la 30e place du classement général. Aujourd'hui, les concurrents, une fois de plus, apprécient la splendeur des paysages.

Thursday 18 January:
Bamako - Bakel.
It was the longest stage in Africa and the five competitors in the Lease Plan Trophy still in the race wanted to take no risks at all. With a practically standard Turbo Diesel 125 hp, Paul Belmondo and his Spanish co-driver Albert Bosch were now comfortably in 30th position overall. Once again, the competitors were able to appreciate the wonders of the African scenery.

Vendredi 19 janvier : Bakel - Tambacounda.
Daniel Vergnes et son équipe de techniciens s'activent autour des cinq Toyota Land Cruiser. On soude, on renforce dans tous les coins. Il ne s'agit pas de perdre un concurrent si près du but.

Friday 19 January: *Bakel - Tambacounda.*
Daniel Vergnes and his team of mechanics were buzzing around the five Toyota Land Cruisers. They were welding and reinforcing the cars as much

as they could. There was no question of losing a car so close to the finish.

Samedi 20 janvier : Tambacounda - Dakar.
Dagmar Liekens et Hans Laerenbergh roulent à un rythme mineur depuis quelques jours. Ils parcourent la spéciale du jour à la même cadence mais, en liaison, un moment de déconcentration et c'est le tonneau. Vanina Ickx et Michel Van den Broeck remettent le Toy 311 sur ses roues à l'aide d'une sangle. Pour la dernière nuit du rallye, les mécanos ne chôment pas.

Saturday 20 January: *Tambacounda - Dakar.*
Dagmar Liekens and Hans Laerenbergh had been driving at a steady pace for several days. They kept up this momentum in the Special but during the liaison, a moment of distraction and the car was on its roof. Vanina Ickx and Michel Van Den Broeck took out a tow strap and the Toy 311 was back on its feet. Even on the last night of the rally, the mechanics would have no rest.

Dimanche 21 janvier : Dakar-Dakar.
Les cinq Toyota Land Cruiser franchissent l'arrivée au lac Rose sans le moindre problème. Un peu moins de 60 % des concurrents auto atteignent le but. Des proportions respectées au sein du Lease Plan Toyota Trophy. Paul Belmondo se classe remarquablement 29e. Après cinq tentatives, c'est la première fois qu'il arrive au but. Et son équipier Albert Bosch, pour la 2e année consécutive, fait partie de l'équipage victorieux du Trophy. L'équipage franco-espagnol décroche aussi la victoire en T2 diesel. Très bon classement également pour Carlos Martinez-Campos et Sirio Sainz, 34e, suivis de très près par Stanco et Dzurka (35e), héros de la seconde partie du rallye. Les ambassadrices de charme du Toyota Trophy se permettent un 100 % de réussite : Vanina Ickx,

associée à Michel Van den Broeck, se hisse au 38e rang. Dagmar Liekens et Hans Laerenbergh terminent à la 46e place.

Sunday 21 January: *Dakar - Dakar.*
The five Toyota Land Cruisers reached the finish at the Pink Lake without the slightest problem. Just under 50% of the car competitors had reached the end. Proportions completely respected within the Lease Plan Trophy. Paul Belmondo finished in a remarkable 29th position. After five attempts, it's the first time he's reached the finish. And for the second year running, team-mate Albert Bosch was part of the Trophy winning team. The Franco-Spanish pairing also took the honours in the T2 Diesel category. Carlos Martinez-Campos and Sirio Sainz finished a fine 34th followed closely by Stanco and Dzurka (35th), the stars of the second part of the rally. The feminine charm in the Lease Plan Trophy recorded a 100% success rate – Vanina Ickx driving with Michel Van Den Broeck claiming 38th overall and Dagmar Liekens and Hans Laerenbergh in 46th place.

Leyds et Blom ne verront pas l'Afrique, après une série de tonneaux, ils doivent abandonner à Château-Lastours. Leyds and Blom wouldn't see Africa. After a series of somersaults they were forced to retire at Chateau-Lastours.

Les deux roues avant crevées, Dari Shalon et David Banitt, jouent au " tracteur " sur la plage de Castellon. With two front punctures, Dari Shalon and David Banitt, play tractor on the beach at Castellon.

Trois Toyota à châssis long et un camion assurent l'assistance. Three long wheelbase Toyotas and a truck provided assistance.

Alors que tout se passait à merveille pour Jean-Paul Libert et Gilles Pillot, le mauvais sort, une fois de plus, s'acharne sur l'ancien motard.

Just as everything was going well for Jean-Paul Libert and Gilles Pillot, ill fortune once again struck the unlucky former biker.

L'équipe d'assistance au grand complet, menée de main de maître par Daniel Vergnes. The assistance team all present and correct, under the guidance of Daniel Vergnes.

Nagelmackers et Delferier passent deux nuits dans le désert,
une expérience unique qu'ils ne sont pas près d'oublier.
Nagelmackers and Delferier spent two nights in the desert, a
unique experience they won't forget in a hurry.

Un tonneau dans la spéciale Smara-El Ghallaouiya
et une très grande fatigue ont raison d'Alfonso
de Orleans-Borbon. A Nouakchott, De Wagter
est contraint d'abandonner. A somersault
in the Special Smara — El Ghallaouiya
and extreme exhaustion got the better
of Alfonso de Orleans-Borbon. De Wagter
was forced to abandon in Nouakchott.

Dommage, les Danois, Moltke-Leth et Jorgensen, turbo cassé, rentrent en
camion-balai à Tidjikdja, mais se jurent de revenir ! A shame for the Danish
team of Moltke-Leth and Jorgensen who with a broken turbo came back
to Tidjikdja in the sweeper truck, but they promised to return!

De Borrekens et Pauwels remportent le prix de la persévérance dans la boucle de Tidjikdja en rentrant au bivouac à 4 h du matin ! De Borrekens and Pauwels won the prize for determination in the Tidjikdja loop when they got to the bivouac at four in the morning.

Grosse frayeur pour Dagmar Liekens et Hans Laerenbergh qui s'offrent un tonneau la veille de l'arrivée, mais parviennent tout de même à Dakar ! A big scare for Dagmar Liekens and Hans Laerenbergh with a somersault on the last-but-one day, but they still got to the finish!

Forte de l'expérience acquise l'an dernier
avec son père, Vanina Ickx, associée à
Michel Van den Broeck, termine le Dakar en
38° position. Encouraged by the experience
of the Dakar with her father last year,
Vanina Ickx finished 38th overall in
association with Michel Van Den Broeck.

Stanco et Dzurka signent le meilleur temps du Toyota Trophy dans la spéciale la plus dure du rallye : Tidjikdja-Tidjikdja. Stanco and Dzurka recorded the best time for the Toyota Trophy in the hardest Special of the rally: Tidjikdja-Tidjikdja.

Paul Belmondo

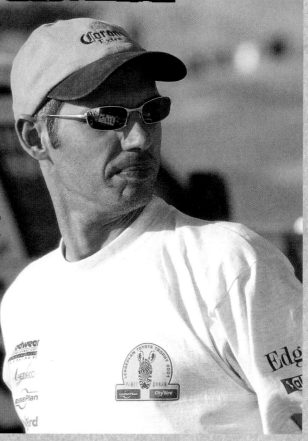

À part une grosse frayeur à Château-Lastours, les Espagnols, Carlos Martinez-Campos et Sirio Sainz, n'ont pas d'autre difficulté à affronter et terminent 34°.
Apart from a fright at Chateau-Lastours, the Spanish team of Carlos Martinez-Campos and Sirio Sainz had no problems and finished 34th.

Daniel Vergnes, team manager.

Belmondo et Bosch terminent premiers du Toyota Trophy et remportent la catégorie des T2
Diesel. Belmondo and Bosch finished first in the Toyota Trophy and won the T2 Diesel category.

133 motos, 113 autos et 30 camions étaient au départ
de Paris... 76 motos, 53 autos et 12 camions ayant
surmonté tous les obstacles ont rallié l'arrivée à Dakar !

There were 133 bikes,
113 cars and 30 trucks
at the start in Paris...
There would be 76 bikes,
53 cars and 12 trucks
who would overcome all
the obstacles and reach
the finish in Dakar !

Concurrents
Résultats

Motos

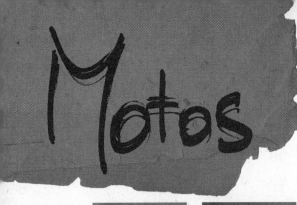

1. R. Sainct - KTM

2. J. Roma - BMW

3. F. Meoni - KTM

4. J. Lewis - BMW

5. G. Sala - KTM

6. J. Deacon - BMW

7. K. Tiainen - K

21. A. Mayer - BMW

22. F. Flick - KTM

23. E. Piroud - Honda

24. P. Sireyjol - Honda

25. L. Grajwoda - Honda

26. M. Aivazian - Honda

27. W. Jobard - KTM

28. P.G. Lundmark - KTM

29. E. Verhoef - K

40. G. Maletti - Kawasaki

41. A. Ginepro - Honda

42. E. Cristanelli - Honda

43. M. Muratori - Honda

44. M. Montebelli - Honda

45. M. Tresoldi - Suzuki

46. G. Papa - Husqvarna

47. F. Tarricone -

58. M. Dabrowski - Honda

59. W. Rencz - KTM

60. Y. Clair - KTM

61. E. Louapre - Honda

62. E. Croquelois - Honda

63. D. Comte - Honda

64. D. Fontanieu - Yamaha

65. G. Hamonic - Honda

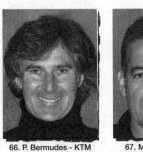
66. P. Bermudes - KTM

67. M. Kienle - K

77. V. Puren - Honda

78. M. Diallo - Honda

79. S. Grignac - Honda

80. F. Deboffe - Honda

81. R. Thouvenin - Honda

82. P. Peillon - Honda

83. M. Hahn - Honda

84. L. Hacking - Honda

85. P. Trahan - Ho

 Arcarons - KTM
 9. A. Cox - KTM
 10. J. Brucy - KTM
 11. C. Despres - BMW
 12. C. De Gavardo - KTM
 14. J. Campbell - Honda
 15. J. Mayer - KTM
 18. B. Villar - KTM
 19. P. Marques - Honda
 20. I. Esteve Pujol - KTM

 Asencio - Honda
 31. J. Gouveia - Honda
 32. J. De Azevedo - Honda
 33. E. Aubijoux - KTM
 34. B. Pascual - Yamaha
 35. C. Gorrara - KTM
 36. P. Quinonero - KTM
 38. G. Barbezant - KTM
 39. E. Rosselet - Monnier

 Carcheri - KTM
 49. P. Chevallier - KTM
 50. A. Morel - KTM
 51. R. Delahaye - KTM
 52. P. Bonnet - KTM
 53. D. Bourdon - KTM
 54. F. Monteaud - Honda
 55. C. Castela Ala Martins - KTM
 56. L. Le Goff - Yamaha
 57. J. Czachor - Honda

 D. Py - BMW
 69. P. Vidal - Honda
 70. L. Bidal - Honda
 71. Y. Fromont - Honda
 72. M. Stanovnik - Husqvarna
 73. B. Montaz - Honda
 74. S. Droux - KTM
 75. V. Escuder - Honda
 76. R. Hautot - Yamaha

 Brazina - KTM
 87. C. Meillat - Honda
 88. E. Cucurachi - KTM
 89. B. Stennier - KTM
  90. H. Vercoelen - KTM
 91. V. Roose - Aprilia
 92. B. Burger - Honda
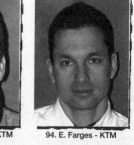 93. P. Verheyden - KTM
 94. E. Farges - KTM
95. J. Ramon - KTM

Motos

96. E. Naval Perez - Suzuki

97. M. Hughes - Honda

98. P. Heitz - KTM

99. M. Sandell - KTM

100. E. Jacinto - KTM

101. P. Machado - KTM

102. A. Duclos - H

12. C. Solano - Honda

113. L. Pagnon - Yamaha

114. T. Pick - KTM

115. E. Gallant - Honda

116. C. Dequidt - Honda

117. P. Polimac Levi - KTM

118. Z. Kadrnka - KTM

119. A. Fernandez Zamora - KTM

120. F. Couval - Honda

121. N. Boyer - H

130. D. Rozand - KTM

131. M. Nanga - KTM

135. D. Vion - KTM

138. D. Guillaume - Yamaha

139. P. Cottet - Yamaha

140. J. Machacek - Yamaha

141. R. Deprez - Yamaha

142. J. Alvarez - Yamaha

203. F. Gallagher - Mitsu

204. T. Delavergne - Nissan

204. J. Dubois - Nissan

205. J. Kleinschmidt - Mitsubishi

205. A. Schulz - Mitsubishi

206. P. Wambergue - Ford

206. P. Rey - Ford

207. M. Prieto - Mitsubishi

207. A. Velhinho - Mitsubishi

208. C. Souza - Mit

212. M. Dominella - Nissan

213. P. Lartigue - Mercedes

213. P. Bocande - Mercedes

214. B. Hanciaux - Nissan

214. O. Jacmart - Nissan

215. S. Quandt - Mitsubishi

215. P. Tiefenbach - Mitsubishi

216. J.P. Strugo - Mercedes

216. P. Larroque - Me

 Darnis - Honda
 104. J. Farell Pastor - Honda
 105. A. Ramos Martinez - Suzuki
 106. A. Perez Gumbau - Yamaha
 107. J. Domenech Vives - Honda
 108. A. Batalla Chornet - Honda
 109. I. Petras - Suzuki
 110. J. Linares - Honda
 111. S. Sacchettini - Honda

 Moncassin - KTM
 123. K. Ose - Honda
 124. J. Mitsuhashi - Honda
 125. H. Kinoshita - Honda
 126. T. Hosono - Honda
 127. M. Aquereburu – KTM
 128. A. Messan - Honda
 129. P. Vigneron - KTM

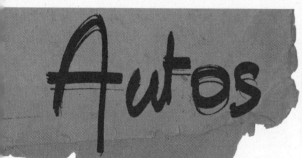

 200. J. L. Schlesser - Schlesser
 200. H. Magne - Schlesser
 201. J.P. Fontenay - Mitsubishi
 201. G. Picard - Mitsubishi
 202. J.M. Servia - Schlesser
 202. J.M. Lurquin - Schlesser
203. K. Shinozuka - Mitsubishi

 Polato - Mitsubishi
 209. G. De Mevius - Nissan
 209. A. Guehennec - Nissan
 210. M. Plaza Perez - Nissan
 210. E. Gonzales Carpi - Nissan
 211. L. Alphand - Schlesser
 211. A. Debron - Schlesser
 212. D. Housieaux - Nissan

 Marcy - Toyota
 217. J. P. Cottret - Toyota
 218. J.F. Guinot - Nissan
 218. M. Kroiss - Nissan
 219. S. Peterhansel - Nissan
 219. W. Alcaraz - Nissan
 222. C. Le Duc - KIA
222. R. Tornabell - KIA
223. D. Skilton - KIA

Autos

224. H. Masuoka - Mitsubishi

224. P. Maimon - Mitsubishi

225. B. Saby - Ford

225. T. Delli-Zotti - Ford

226. H. Pescarolo - Nissan

226. S. De Liedekerke

223. M. Stevenson - KIA

232. P. Fourticq - Nissan

233. G. Lora Lamia - Nissan

233. R. Di Persio - Nissan

234. J.J. Ratet - Toyota

234. J. Garcin - Toyota

235. C. Arnoux - Buggy

235. A. Arnoux - Buggy

236. G. Gomez - Nissan

236. J.L. Martin - N

243. J. Falaise - Nissan

244. J. P. Cassegrain - Mitsubishi

244. S. Le Bail - Mitsubishi

245. J.P. Sibellas - Mitsubishi

245. G. Vieilly - Mitsubishi

246. A. Khrol - Mitsubishi

246. A. Marzaliovk - Mitsubishi

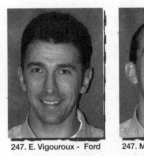
247. E. Vigouroux - Ford

247. M. Micquiaux - Ford

248. Y. Morize - M

252. C. Clauset - Mitsubishi

252. J. Nieckle - Mitsubishi

253. B. Lhotellerie - Mitsubishi

253. B. Leheron - Mitsubishi

254. J. Poissonneau - Nissan

254.M. Ettienne - Nissan

255. S. Onoue - Suzuki

255. E. Natsuda - Suzuki

256. A. Raynal -

261. J. Touly - Toyota

262. D. Laniray - Toyota

262. E. Boyeldieu - Toyota

263. P. Derumigny - Nissan

263. J. Morize - Nissan

264. J. Salinero - Nissan

264. G. Cervantes - Nissan

265. V. Rakitiansky - Mitsubishi

265. O. Pyalin - Mitsubishi

266. J. Pintos - M

Magnaldi - Mercedes | 227. F. Borsotto - Mercedes | 229. K. Kolberg - Mitsubishi | 229. B. Cattarelli - Mitsubishi | 230. T. Asaga - Toyota | 230. T. Fujisawa - Toyota | 231. L. Bourgnon - Nissan | 231. G. Leneveu - Nissan | 232. J. Rivière - Nissan

Henrard - Volkswagen | 238. J. Martinez - Volkswagen | 239. A Vanierschot - Toyota | 239. K. Bulens - Toyota | 241. X. Foj - Toyota | 241. J. Leon - Toyota | 242. B. Anquetil - Nissan | 242. L. Arguelles - Nissan | 243. E. Smulevici - Nissan

Dronne - Mercedes | 249. T. Kanamori - Toyota | 249. Y. Takishima - Toyota | 250. J. Van Cauwenberge - Toyota | 250. M. Devos - Toyota | 251.R. Varela - Troller | 251. A. Fadigatti - Troller

Garbinti - Toyota | 257. G. Haug - Mitsubishi | 257. T. Wolf - Mitsubishi | 258. H. Pohl - Mitsubishi | 258. W. Bachhuber - Mitsubishi | 259. C. Lassere - Toyota | 259. J.P. Normand - Toyota | 260. G. Debersee - Toyota | 260. N. Anquetin - Toyota | 261. J. Piccini - Toyota

anoiselee - Mercedes | 267. C. Milhau - Toyota | 267. B. Irissou - Toyota | 268. M. Round - Land-Rover | 268. P. Round - Land-Rover | 269. F. Granjard - Mitsubishi | 269. D. Gouttenoire - Mitsubishi | 270. J. Arnaud - Land-Rover | 270. B. Touly - Land-Rover

Autos

271. M. Balda - Mitsubishi   271. J. Indo - Mitsubishi   272. R. Hoebeke - Mercedes   273. P. Labrousse - Toyota   273. J. Rouault - Toyota   274. J. Bourgin - Nissan   274. G. Ancement -

31. X. Merino - Toyota   282. R. Garosci - Nissan   282. R. Briani - Nissan   283. O. Cerutti - Toyota   283. B. Gattino - Toyota   284. A. Steemans - Toyota   284. E. Depoorter - Toyota   285. P. Beckers - Toyota   285. A. Vanhede - Toyota   286. P. Raud - To

291. D. De Lorenzo - Toyota   291. A. De Lorenzo - Toyota   292. G. Lansac - Mercedes   292. J.R. Jacqmard - Mercedes   294. A. Bourgin - Peugeot   294. D. Owezarek - Peugeot   295. P. Gauthier - Jeep   295. I. Vadeboncoeu

301. Y. Pozhidaev - Toyota   301. A. Lucas - Toyota   302. D. Comolli - Nissan   302. G. Centimes - Nissan   303. N. Barkat - Mitsubishi   303. E. Barkat - Mitsubishi   304. F. Picco - Toyota   304. C. Dal Zotto - Toyota   305. A. Thuilliez -

310. A. Bosch - Toyota   311. D. Liekens - Toyota   311. H. Laerenbergh - Toyota   312. C. Leyds - Toyota   312. P. Blom - Toyota   313. T. Shalon - Toyota   313. D. Banitt - Toyota   314. A. Nagelmackers - Toyota   314. C. Delferier - Toyota   315. D. De Boorekem

A. Thiam - Toyota | 276. R. Noshiro - Mercedes | 276. R. Roucourt - Mercedes | 277. J. Monterde - Nissan | 277. L. Cruz - Nissan | 279. E. Palacios - BMW | 279. I. Bosch - BMW | 280. B. Andrieux - Toyota | 280. J. Payen - Toyota | 281. L. Hinojosa - Toyota

. Ducom - Toyota | 287. M. Garmendia - Mitsubishi | 287. Y. Diaz - Mitsubishi | 288. S. Rogers - Land-Rover | 288. P. Turner - Land-Rover | 289. F. Westenberg - Mitsubishi | 289. M. Van Eyk - Mitsubishi | 290. P. Verhaest - Toyota | 290. T. Berrevoets - Toyota

De Wagter - Toyota | 296. A. De Orleans - Toyota | 297. P. Tranzer - Nissan | 297. A. Singeot - Nissan | 298. L. Fuentes Palacios - Toyota | 298. J.L. Quintana Perez - Toyota | 299. J. Thome - Toyota | 299. C. Figaret - Toyota | 300. W. Zoetaert - Toyota | 300. D. Dhondt - Toyota

Kornstein - Toyota | 306. J.P. Libert - Toyota | 306. G. Pillot - Toyota | 307. K. Wauters - Toyota | 307. J. Damen - Toyota | 308. V. Ickx - Toyota | 308. M. Van Den Broeck - Toyota | 309. M. Stanco - Toyota | 309. A. Dzurka - Toyota | 310. P. Belmondo - Toyota

Pauwels - Toyota | 316. C. Martinez Campos - Toyota | 316. S. Sainz - Toyota | 317. N. Moltke-Leth - Toyota | 317. H. Radich Jorgensen - Toyota | 318. M. Canto - Toyota | 318. R. Rickler - Toyota | 319. N. Gammoudi - Mitsubishi | 319. G. Baaziz - Mitsubishi

Camions

400. Y. Sugawara - Hino

400. S. Suzuki - Hino

400. T. Sugawara - Hino

401. B. Habermeier - Mercedes

401. A. Schurhagl - Mercedes

401. M. Adamek - Mercedes

402. G. Toni - Me

406. J. Reif - Man

406. G. Pichlbauer - Man

406. H. Roth - Man

407. G. Cuynet - Man

407. L. Ramel - Man

407. M. Didienne - Man

410. B. Malferiol - Mercedes

410. A. Sanz Castro - Mercedes

410. L. Palmer - M

415. J. Govaere - Man

415. D. Espeel - Man

415. M. Gherardyn - Man

417. H. Bekx - Ginaf

417. A. De Rooder - Ginaf

417. J. Degraaff - Ginaf

418. D. Cnudde - Mercedes

418. P. De Corte - Mercedes

418. T. Maessen -

422. R. Lammer - Mercedes

423. J. Philippe - Tatra

423. J. Tournier - Tatra

423. M. Ratton - Tatra

424. V. Tchaguine - Kamaz

424. I. Mardeev - Kamaz

424. D. Kamalov - Kamaz

425. K. Loprais - Tatra

425. J. Kalina - Tatra

425. P. Hamerla

429. S. Guiria - Kamaz

429. S. Savostine - Kamaz

429. S. Rechentnikov - Kamaz

430. J. Petit - Mercedes

430. A. Dubucq - Mercedes

430. R. Bruckner - Mercedes

432. S. Besnard - Mercedes

432. D. Garcia - Mercedes

432. F. Brifaut - M

 . Pio - Mercedes

 403. G. Versino - Hino

 403. P. Challoy - Hino

 403. C. Breton - Hino

 404. S. Calzi - Mercedes

 404. G. Langella - Mercedes

 404. G. Fossa - Mercedes

 405. P. Barilla - Mercedes

 405. M. Marzotto - Mercedes

405. F. Ravarotto - Mercedes

 Bosonnet - Mercedes

 411. S. Lacourt - Mercedes

 411. E. Andre - Mercedes

 412. J. Kaket - Renault

 412. X. Turlais - Renault

 412. P. Garnier - Renault

 414. F. Marcheix - Mercedes

 414. S. Genibrel - Mercedes

 414. D. Moquet - Mercedes

 uventeny - Mercedes

 420. F. Marco - Mercedes

 420. J. Criado - Mercedes

 421. F. Dupuy-Gardel - Mercedes

 421. P. Antoniolli - Mercedes

 421. C. Crespo - Mercedes

 422. J. Pujol Creus - Mercedes

 422. D. Legal - Mercedes

 . Kabirov - Kamaz

 426. A. Beliaev - Kamaz

 426. F. Bigachev - Kamaz

 427. A. De Azevedo - Tatra

 427. T. Tomecek - Tatra

 427. J. Martinec - Tatra

 428. R. Tibau - Kamaz

 428. C. Gotlib - Kamaz

 428. V. Goloub - Kamaz

 Pattono - Mercedes

 434. M. Plateau - Mercedes

 435. F. Echter - Man

 435. B. Korber - Man

 435. L. Luzzana - Man

 436. A. Charles - Mercedes

 436. R. Louin - Mercedes

436. M. Targez - Mercedes

Classement Motos

POS.	No.	NOM	TEMPS	ECART	PENALITÉ
1	003	MEONI	70h 01' 08"	00' 00"	
2	008	ARCARONS	70h 26' 18"	25' 10"	
3	012	DE GAVARDO	70h 45' 19"	44' 11"	
4	020	ESTEVE PUJOL	71h 03' 52"	1h 02' 44"	
5	009	COX	71h 20' 17"	1h 19' 09"	
6	006	DEACON	73h 46' 59"	3h 45' 51"	30' 00"
7	004	LEWIS	73h 50' 20"	3h 49' 12"	
8	014	CAMPBELL	77h 46' 13"	7h 45' 05"	
9	010	BRUCY	77h 57' 23"	7h 56' 15"	1h 00' 00"
10	018	VILLAR	80h 13' 20"	10h 12' 12"	
11	024	SIREYJOL	80h 53' 42"	10h 52' 34"	
12	019	MARQUES	81h 06' 57"	11h 05' 49"	
13	011	DESPRES	81h 38' 59"	11h 37' 51"	
14	005	SALA	82h 55' 22"	12h 54' 14"	
15	087	MEILLAT	83h 16' 36"	13h 15' 28"	
16	033	AUBIJOUX	83h 22' 07"	13h 20' 59"	
17	029	VERHOEF	83h 58' 07"	13h 56' 59"	
18	036	QUINONERO	86h 42' 48"	16h 41' 40"	
19	055	CASTELA A LA MARTINS	87h 44' 14"	17h 43' 06"	
20	035	GORRARA	88h 40' 32"	18h 39' 24"	
21	072	STANOVNIK	88h 58' 21"	18h 57' 13"	
22	124	MITSUHASHI	89h 52' 30"	19h 51' 22"	
23	031	GOUVEIA	90h 35' 14"	20h 34' 06"	
24	057	CZACHOR	91h 10' 08"	21h 09' 00"	
25	007	TIANEN	91h 26' 05"	21h 24' 57"	9h 00' 00"
26	090	VERCOELEN	92h 19' 17"	22h 18' 09"	
27	093	VERHEYDEN	93h 28' 34"	23h 27' 26"	
28	086	BRAZINOVA	95h 46' 49"	25h 45' 41"	
29	041	GINEPRO	98h 56' 47"	28h 55' 39"	15' 00"
30	021	MAYER	98h 59' 46"	28h 58' 38"	3h 15' 00"
31	106	PEREZ GUMBAU	99h 00' 33"	28h 59' 25"	
32	080	DEBOFFE	99h 39' 37"	29h 38' 29"	
33	062	CROQUELOIS	99h 53' 38"	29h 52' 30"	3h 00' 00"
34	073	MONTAZ	100h 04' 17"	30h 03' 09"	21' 00"
35	121	BOYER	100h 04' 17"	30h 03' 09"	10' 00"
36	050	MOREL	100h 10' 04"	30h 08' 56"	
37	048	CARCHERI	100h 17' 29"	30h 16' 21"	

38	111	SACCHETTINI	100h 27' 15"	30h 26' 07"	01' 00"
39	052	BONNET	103h 48' 22"	33h 47' 14"	
40	027	JOBARD	103h 52' 20"	33h 51' 12"	
41	061	LOUAPRE	103h 56' 21"	33h 55' 13"	
42	053	BOURLON	105h 04' 26"	35h 03' 18"	
43	140	MACHACEK	105h 17' 17"	35h 16' 09"	
44	138	GUILLAUME	105h 54' 48"	35h 53' 40"	
45	117	POLIMAC LEVI	106h 16' 02"	36h 14' 54"	
46	098	HEITZ	106h 39' 53"	36h 38' 45"	3h 00' 00"
47	105	RAMOS MARTINEZ	106h 42' 28"	36h 41' 20"	11h 00' 00"
48	047	TARRICONE	108h 04' 03"	38h 02' 55"	
49	076	HAUTOT	110h 07' 37"	40h 06' 29"	5h 00' 00"
50	023	PIROUD	110h 33' 08"	40h 32' 00"	16h 00' 00"
51	120	COUVAL	112h 13' 19"	42h 12' 11"	26' 00"
52	092	BURGER	115h 41' 11"	45h 40' 03"	5h 00' 00"
53	139	COTTET	117h 25' 23"	47h 24' 15"	4h 30' 00"
54	091	ROOSE	117h 33' 28"	47h 32' 20"	5h 00' 00"
55	079	GRIGNAC	117h 42' 05"	47h 40' 57"	11h 00' 00"
56	100	JACINTO	130h 07' 38"	60h 06' 30"	16h 14' 00"
57	101	MACHADO	130h 33' 15"	60h 32' 07"	16h 15' 00"
58	084	HACKING	131h 36' 46"	61h 35' 38"	14h 15' 00"
59	054	MONTEAUD	132h 44' 55"	62h 43' 47"	24h 00' 00"
60	102	DUCLOS	134h 00' 34"	63h 59' 26"	25h 00' 00"
61	125	KINOSHITA	135h 02' 12"	65h 01' 04"	13h 00' 00"
62	126	HOSONO	135h 04' 47"	65h 03' 39"	18h 14' 00"
63	026	AIVAZIAN	137h 25' 46"	67h 24' 38"	16h 00' 00"
64	097	HUGHES	137h 41' 23"	67h 40' 15"	16h 00' 00"
65	043	MURATORI	139h 27' 04"	69h 25' 56"	27h 41' 00"
66	066	BERMUDES	140h 57' 13"	70h 56' 05"	20h 00' 00"
67	130	ROZAND	141h 16' 31"	71h 15' 23"	10h 42' 00"
68	064	FONTANIEU	145h 00' 48"	74h 59' 40"	30h 00' 00"
69	109	PETRAS	145h 21' 17"	75h 20' 09"	31h 00' 00"
70	103	LARNIS	153h 26' 27"	83h 25' 19"	38h 00' 00"
71	056	LE GOFF	153h 33' 30"	83h 32' 22"	37h 00' 00"
72	025	GRAJWODA	154h 20' 18"	84h 19' 10"	35h 00' 00"
73	078	DIALLO	159h 50' 18"	89h 49' 10"	36h 00' 00"
74	110	LINARES	160h 17' 57"	90h 16' 49"	36h 00' 00"
75	104	FARELL PASTOR	170h 48' 01"	100h 46' 53"	52h 00' 00"
76	135	VION	173h 12' 30"	103h 11' 22"	33h 00' 00"

ABANDONS MOTO

Paris - Narbonne : 129.
Nador - Er Rachidia : 44, 49.
Er Rachidia - Ouarzazate : 15, 118.
Ouarzazate - Goulimine : 51, 59, 85, 89, 108, 116.
Goulimine - Smara : 42, 67, 141.
Smara - El Ghallaouiya : 30, 77, 83, 99, 114, 128, 131.
El Ghallaouiya - El Ghallaouiya : 69.
El Ghallaouiya - Atar : 1, 2, 46, 58, 71, 81, 88, 95, 112, 127.
Atar - Nouakchott : 22, 32, 39, 60, 68.
Nouakchott - Tidjikdja : 38, 45, 65, 70, 107, 113, 122, 142.
Tidjikdja - Tidjikdja : 34, 63, 74, 75, 94, 119, 123.
Tidjikdja - Tichit : 82, 115.
Néma - Bamako : 96.
Tambacounda - Dakar : 28, 40.

Classement Autos

POS.	No.	NOM	TEMPS	ECART	PENALITÉ
1	205	KLEINSCHMIDT / SCHULZ	70h 42' 06"	00' 00"	30' 00"
2	224	MASUOKA / MAIMON	70h 44' 45"	02' 39"	30' 00"
3	200	SCHLESSER / MAGNE	71h 05' 35"	23' 29"	2h 16' 00"
4	202	SERVIA / LURQUIN	72h 48' 30"	2h 06' 24"	1h 22' 00"
5	208	SOUSA / POLATO	72h 50' 36"	2h 08' 30"	10' 00"
6	201	FONTENAY / PICARD	74h 36' 11"	3h 54' 05"	12' 00"
7	238	HENRARD / MARTINEZ	75h 47' 25"	5h 05' 19"	30' 00"
8	209	DE MEVIUS / GUEHENNEC	77h 12' 05"	6h 29' 59"	30' 00"
9	204	DE LAVERGNE / DUBOIS	79h 48' 32"	9h 06' 26"	2h 30' 00"
10	231	BOURGNON / LENEVEU	84h 40' 14"	13h 58' 08"	
11	218	GUINOT / KROISS	84h 42' 09"	14h 00' 03"	
12	219	PETERHANSEL / ALCARAZ	85h 21' 27"	14h 39' 21"	
13	225	SABY / DELLI - ZOTTI	86h 51' 10"	16h 09' 04"	2h 00' 00"
14	250	VAN CAUWENBERGE / DEVOS	88h 09' 39"	17h 27' 33"	
15	227	MAGNALDI / BORSOTTO	88h 22' 38"	17h 40' 32"	
16	265	RAKITIANSKY / PYALIN	88h 37' 17"	17h 55' 11"	
17	226	PESCAROLO / DE LIEDEKERKE	89h 47' 24"	19h 05' 18"	
18	212	HOUSIEAUX / LOMINELLA	91h 36' 20"	20h 54' 14"	
19	246	KHROL / MARZALIOVK	92h 47' 50"	22h 05' 44"	
20	236	GOMEZ / MARTIN	95h 26' 44"	24h 44' 38"	02' 00"
21	277	MONTERDE / CRUZ	95h 31' 44"	24h 49' 38"	
22	251	VARELA / FADIGATTI	101h 16' 19"	30h 34' 13"	
23	245	SIBELLAS / VIEILLY	101h 31' 01"	30h 48' 55"	8h 00' 00"
24	254	POISSONNEAU / ETTIENNE	102h 55' 46"	32h 13' 40"	
25	307	WAUTERS / DAMEN	103h 49' 33"	33h 07' 27"	4h 00' 00"
26	253	LHOTELLERIE / LEHERON	103h 52' 52"	33h 10' 46"	4h 15' 00"
27	234	RATET / GARCIN	104h 26' 55"	33h 44' 49"	7h 00' 00"
28	233	LORA LAMIA / DI PERSIO	104h 59' 43"	34h 17' 37"	5h 00' 00"
29	310	BELMONDO / BOSCH	105h 18' 37"	34h 36' 31"	
30	203	SHINOZUKA / GALLAGHER	107h 58' 33"	37h 16' 27"	25h 00' 00"
31	297	TRANZER / SINGEOT	109h 28' 51"	38h 46' 45"	04' 00"
32	257	HAUG / WOLF	109h 56' 40"	39h 14' 34"	2h 00' 00"
33	281	HINOJOSA VALENZUELA / MERINO COLLADO	112h 21' 55"	41h 39' 49"	
34	316	MARTINEZ CAMPOS / SAINZ	114h 07' 42"	43h 25' 36"	1h 00' 00"
35	309	STANCO / DZURKA	114h 18' 03"	43h 35' 57"	5h 00' 00"
36	264	SALINERO / CERVANTES	118h 16' 23"	47h 34' 17"	11h 00' 00"
37	247	VIGOUROUX / MICQUIAUX	121h 41' 40"	50h 59' 34"	11h 00' 00"

38	308	ICKX / VAN DEN BROECK	123h 11' 12"	52h 29' 06"	21' 00"
39	222	LE DUC / TORNABELL	124h 07' 25"	53h 25' 19"	24h 00' 00"
40	216	STRUGO / LARROQUE	130h 23' 33"	59h 41' 27"	22h 15' 00"
41	302	COMOLLI / CENTIMES	130h 47' 35"	60h 05' 29"	7h 00' 00"
42	273	LABROUSSE / ROUAULT	135h 03' 14"	64h 21' 08"	2h 00' 00"
43	252	CLAUSET / NIECKLE	142h 58' 43"	72h 16' 37"	12h 06' 00"
44	283	CERUTTI / GATTINO	143h 28' 01"	72h 45' 55"	25h 00' 00"
45	290	VERHAEST / BERREVOETS	146h 30' 40"	75h 48' 34"	30h 00' 00"
46	311	LIEKENS / LAERENBERGH	147h 39' 37"	76h 57' 31"	35h 00' 00"
47	292	LANSAC / JACQMARD	152h 31' 59"	81h 49' 53"	44h 15' 00"
48	232	RIVIERE / TOURTICQ	154h 57' 32"	84h 15' 26"	53h 15' 00"
49	242	ANQUETIL / ARGUELLES	166h 45' 04"	96h 02' 58"	63h 00' 00"
50	285	BECKERS / VANHEDE	167h 19' 36"	96h 37' 30"	45h 06' 00"
51	286	RAUL / DUCOM	167h 37' 06"	96h 55' 00"	45h 00' 00"
52	267	MILHAU / IRISSOU	176h 54' 30"	106h 12' 24"	51h 09' 00"
53	275	THIAM	189h 47' 30"	119h 05' 24"	69h 00' 00"

Sous réserve de l'officialisation du classement général Auto par la FIA.
Subjects to the FIA's official sanction of the overall car rankings.

ABANDONS AUTO
Paris - Narbonne : 235.
Narbonne - Castellon de la Plana : 312.
Ouarzazate - Goulimine : 239, 244, 280, 313.
Goulimine - Smara : 241, 259, 271, 279.
Smara - El Ghallaouiya : 268, 272, 294, 300, 304.
El Ghallaouiya - El Ghallaouiya : 211, 215, 249, 266, 301, 306.
El Ghallaouiya - Atar : 295, 298, 305, 314.
Atar- Nouakchott : 217, 303.
Nouakchott - Tidjikdja : 206, 207, 213, 214, 256, 260, 262, 263, 274, 282, 284, 288, 289, 296, 299, 317.
Tidjikdja - Tidjikdja : 255, 269, 291, 318, 319.
Tidjikdja - Tichit : 210, 229, 258, 261, 270, 276, 287.
Tichit - Néma : 248, 515.
Néma - Bamako : 223.
Bamako - Bakel : 230.
Dakar - Dakar : 243.

Classement Camions

ABANDONS CAMIONS
Paris - Narbonne : 428.
Ouarzazate - Goulimine : 418.
Smara - El Ghallaouiya : 411, 429.
El Ghallaouiya - El Ghallaouiya : 401, 426.
El Ghallaouiya - Atar : 412.
Atar- Nouakchott : 402, 423, 427.
Nouakchott - Tidjikdja : 405.
Tidjikdja - Tichit : 421, 424.
Néma - Bamako : 436, 403.
Bamako - Bakel : 407, 435.
Bakel - Tambacounda : 432.

POS.	No.	NOM	TEMPS	ECART	PENALITÉ
1	425	LOPRAIS / KALINA / HAMERLA	93h 40' 37"	00' 00"	
2	400	SUGAWARA / SUZUKI / SUGAWARA	101h 49' 52"	8h 09' 15"	
3	406	REIF / PICHLBAUER / ROTH	110h 14' 45"	16h 34' 08"	2h 00' 00"
4	414	MARCHEIX / GENIBREL / MOQUET	112h 23' 59"	18h 43' 22"	
5	434	PATTONO / PLATEAU	113h 12' 49"	19h 32' 12"	
6	410	MALFERIOL / SANZ CASTRO / PALMER	122h 59' 58"	29h 19' 21"	2h 00' 00"
7	420	JUVENTENY / MARCO / CRIADO	126h 23' 18"	32h 42' 41"	3h 00' 00"
8	417	BEKX / DE ROODER / DEGRAAFF	146h 21' 44"	52h 41' 07"	14h 02' 00"
9	430	PETIT / DUBUCQ / BRUCKNER	154h 07' 30"	60h 26' 53"	22h 00' 00"
10	422	PUJOL CREUS / LEGAL / LAMMER	155h 25' 32"	61h 44' 55"	21h 00' 00"
11	415	GOVAERE / ESPEEL / GHERARDYN	170h 25' 36"	76h 44' 59"	35h 00' 00"
12	404	CALZI / LANGELLA / FOSSA	181h 43' 16"	88h 02' 39"	43h 00' 00"